Fiches

L'essentiel de l'analyse financière

Fiches de cours et cas pratiques corrigés

Claire-Agnès Gueutin

ellipses

Dans la même collection

• Droit

L'essentiel du droit administratif, Stéphane Elshoud
L'essentiel du droit constitutionnel, Hélène Simonian-Gineste
L'essentiel du droit de l'entreprise, Annette Rebord
L'essentiel du droit européen, Annette Rebord
L'essentiel du droit fiscal, Christine Noël-Lemaitre
L'essentiel du droit immobilier, Gurvan Branellec
L'essentiel du droit des marchés publics, Jean-Christophe Duval
L'essentiel du droit des obligations, Annette Rebord
L'essentiel du droit de la santé et du droit médical, Stéphane Elshoud
L'essentiel du droit des transports, Jérôme Aubert
L'essentiel du droit du travail, Christine Noël-Lemaitre
L'essentiel du droit de l'urbanisme, David-André Camous
L'essentiel de l'introduction au droit, Jérôme Aubert
L'essentiel des finances publiques de l'État, Laurent Derboulles
L'essentiel des finances publiques locales, David-André Camous
L'essentiel des institutions administratives, Laurent Derboulles
L'essentiel sur l'autorité parentale, Pierre-Brice Lebrun
L'essentiel sur l'entreprise, Droit – Économie – Gestion, Laure Bataille
L'essentiel sur les prud'hommes, Mireille Poirier (dir.), Jennifer Ripert et Prescilla Ripert

• Économie

L'essentiel de l'introduction à l'économie, Claire-Agnès Gueutin
L'essentiel des théories économiques, Claire-Agnès Gueutin

• Gestion

L'essentiel de l'analyse financière, Claire-Agnès Gueutin
L'essentiel de la gestion publique locale, Élodie Portelli

ISBN 978-2-7298-71444

32, rue Bargue 75740 Paris cedex 15

www.editions-ellipses.fr

Sommaire

Avant-propos

Cet ouvrage propose une introduction aux techniques de l'analyse financière. Sa compréhension ne nécessite pas de connaissances particulières, hormis quelques règles courantes de calcul.

Il s'adresse à toute personne qui veut comprendre les mécanismes de l'analyse financière. Il peut convenir à un étudiant qui a besoin dans le cadre de ses études de se familiariser avec l'analyse financière (BTS NRC par exemple), ainsi qu'à un élu du personnel qui veut comprendre le bilan et le compte de résultat de son entreprise. Tous ceux qui ont accès à la liasse fiscale d'une entreprise sont susceptibles d'être intéressés par cet ouvrage.

> **ATTENTION**
> Cet ouvrage prend en considération uniquement les normes comptables et fiscales françaises. Il ne s'applique pas pour les entreprises étrangères.

Avec un vocabulaire simple, sans jargon technique, l'ouvrage propose une première initiation aux techniques de l'analyse financière du bilan et du compte de résultat des entreprises. Il propose un exemple de bilan et de compte de résultat d'une entreprise fictive à partir desquels une analyse pas à pas est proposée.

Cet ouvrage présente les principaux raisonnements de l'analyse financière à travers 20 fiches. Chacune de ces fiches offre un cas pratique corrigé qui permet de mettre en application les éléments exposés.

Outils

1. Ratio

Un ratio est un rapport entre deux valeurs. Seuls des éléments quantitatifs peuvent s'exprimer sous forme de ratio. Les valeurs comparées ne sont pas obligatoirement de la même nature.

Exemple : Une voiture parcourt 120 km en 1 h 30. Cela correspond à une vitesse de 80 km/h.

$$\text{Vitesse} = \frac{120 \text{ km}}{1{,}5 \text{ h}} = 80 \text{ km/h}$$

2. Taux

Un taux est un rapport entre deux valeurs comparables, il est exprimé sous forme de pourcentage, noté x %.

Exemple : Une personne a un budget de 2 000 €. Elle décide d'acheter un ordinateur à 500 €. Cet achat représente 25 % de son budget.

$$\text{Taux} = \frac{500 \text{ €}}{2\,000 \text{ €}} = 0{,}25 = 25 \text{ \%}$$

Ce résultat peut s'écrire soit sous forme de valeur absolue (0,25 dans l'exemple), soit sous la forme d'un pourcentage (25 % dans l'exemple).

3. La variation d'un taux

La variation d'un taux s'exprime en points. Chaque point représente 1 %.

Exemples :

Un taux qui passe de 10 % à 11 % enregistre une croissance de 1 point.

Un taux qui passe de 5,6 % à 5,4 % perd 0,2 point.

4. Calcul d'un taux de variation

Un taux de variation permet de déterminer l'évolution d'une quantité entre deux points donnés. Une quantité évolue de sa valeur initiale à sa valeur finale. Comme c'est un taux, il s'exprime en pourcentage.

$$\text{Taux de variation} = \frac{\text{Valeur finale} - \text{Valeur initiale}}{\text{Valeur initiale}}$$

Exemple : Une valeur passe de 5 000 € à 5 500 €. Son taux de variation est de 10 %.

$$\text{Taux de variation} = \frac{5\,500\text{ €} - 5\,000\text{ €}}{5\,000\text{ €}} = 0{,}1 = 10\ \%$$

L'entreprise, un système ouvert sur l'extérieur

Fiche **1**

Objectifs	Appréhender l'environnement de l'entreprise.
Pré-requis	Aucun.
Mots-clés	Entreprise, entreprise commerciale, entreprise industrielle, biens, services, environnement, cycle d'exploitation, décalage temporel, documents commerciaux.

L'entreprise est un agent économique autonome qui produit des biens et des services grâce à une combinaison de capital et de travail et qui vend cette production dans le but d'en retirer un profit.

1. L'environnement de l'entreprise

L'entreprise est un système qui évolue au sein d'un **environnement**. Elle interagit avec différents acteurs économiques de cet environnement : les salariés, les fournisseurs, les clients, les banques, les actionnaires, l'État, tout en tenant compte de ses concurrents. Elle doit aussi prendre en considération les données imposées par l'économie nationale et internationale. Le schéma 1 (page suivante) représente les interactions d'une entreprise avec son environnement.

2. Le cycle d'exploitation d'une entreprise

Les entreprises commerciales ont pour activité l'achat de marchandises et la vente de ces mêmes marchandises sans transformation. Le cycle d'exploitation d'une entreprise commerciale correspond à l'achat des marchandises aux fournisseurs, à leur stockage et à la vente de ces marchandises aux clients.

Exemple : Une entreprise achète des chaussures à un grossiste et les vend en magasins.

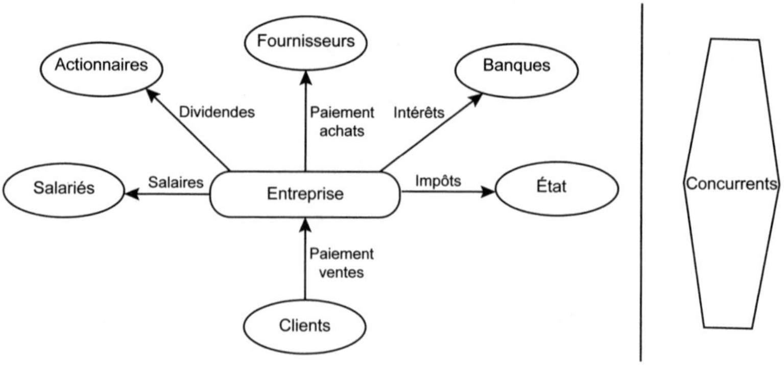

Schéma 1. L'environnement

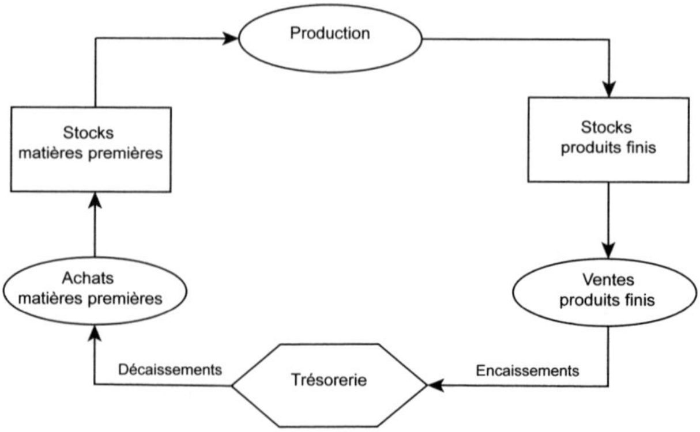

Schéma 2. Le cycle d'exploitation

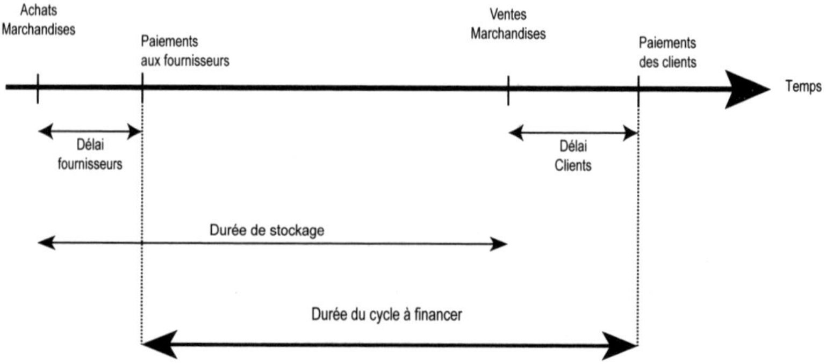

Schéma 3. Le décalage temporel

Les entreprises industrielles transforment des matières premières en produits finis. Le cycle d'exploitation comprend l'achat des matières premières aux fournisseurs, le stockage de ces matières premières, le processus de production, le stockage des produits finis et la vente de ces produits aux clients.

Exemple : Une entreprise achète du bois, fabrique des chaises et vend ces chaises à des clients.

Les entreprises de services ont un cycle d'exploitation plus court puisque le service est consommé en même temps que sa production.

Exemple : Un coiffeur fait une coupe de cheveux à un client.

→ **Le cycle d'exploitation** correspond à l'ensemble des opérations réalisées entre l'achat initial aux fournisseurs et le paiement des clients.

Il dépend de la nature de l'activité de l'entreprise mais aussi de sa taille, de sa politique de stockage, du marché...

Le schéma 2 retrace le cycle d'exploitation d'une entreprise industrielle.

3. Le décalage de paiement

Les fournisseurs accordent des **délais de paiement** à l'entreprise. L'entreprise accorde aussi des **délais de paiement** à ses clients. Dans beaucoup de cas, l'entreprise doit payer ses fournisseurs avant d'être payée par ses clients. Elle doit donc financer une partie du cycle d'exploitation.

Remarque : Toutes les entreprises n'ont pas le même décalage temporel. Par exemple, les entreprises de la grande distribution n'ont pas à subir cette contrainte. Elles négocient des délais de paiement avec leurs fournisseurs, et les clients payent comptant en passant à la caisse.

Le schéma 3 décrit le décalage temporel et la durée du cycle d'exploitation que les entreprises doivent financer.

4. Les documents commerciaux

Chaque opération d'exploitation donne lieu à un **document commercial**. Par exemple, pour les achats et les ventes, l'entreprise établit des devis, des bons de commande, des factures, des bons de livraison, etc. Les stocks sont enregistrés dans des fiches de stocks...

La facture est le seul document commercial obligatoire. La comptabilité doit enregistrer chaque facture lors de son établissement puis lors de son paiement.

Cas pratique

Retrouvez les termes correspondant aux définitions suivantes.

a. L'ensemble des agents économiques qui interagissent avec une entreprise.
b. L'ensemble des opérations entre l'achat de matières premières aux fournisseurs et le paiement des clients.
c. Le seul document commercial obligatoire.
d. Un produit qui est consommé lors de sa production.
e. Une entreprise qui vend des marchandises.

Solutions

a. L'environnement

b. Le cycle d'exploitation d'une entreprise industrielle

c. La facture

d. Un service

e. Une entreprise commerciale

La comptabilité et l'analyse financière

Fiche **2**

Objectifs	Comprendre la différence entre la comptabilité et l'analyse financière.
Pré-requis	Fiche 1.
Mots-clés	Liasse fiscale, exercice comptable, bilan, compte de résultat, annexes, analyse financière, comptabilité analytique, comptabilité.

L'analyse financière d'une entreprise consiste à tirer des enseignements à partir des documents comptables. Elle s'appuie donc sur les documents produits par la comptabilité, notamment la liasse fiscale.

1. La liasse fiscale

Toute entreprise soumise à l'impôt sur les sociétés doit remplir chaque année une **liasse fiscale** et l'adresser à l'administration fiscale. Sa composition est formellement encadrée par la loi. Il s'agit d'un ensemble de tableaux normalisés. Chaque case est nommée par un ensemble de deux ou trois lettres.

→ C'est la déclaration d'impôt des entreprises.

Elle comporte :

- le bilan actif et passif (feuille 2050 et feuille 2051) ;
- le compte de résultat (feuille 2052 et feuille 2053) ;
- les annexes.

Les annexes servent d'appui et de détails aux deux principaux documents que sont le bilan et le compte de résultat.

Exemples d'annexes :

- détails des immobilisations (feuille 2054) ;
- détails des amortissements (feuille 2055) ;

- détails des provisions (feuille 2056) ;
- détermination du résultat fiscal (feuille 2058-A).

Une liasse fiscale est produite à chaque exercice comptable.

Remarque : Un exemple de liasse fiscale non remplie est donné en annexe de cet ouvrage.

L'exercice comptable est la période s'écoulant entre deux bilans. Il correspond généralement avec l'année civile mais peut être décalé. Au cours de l'activité d'une entreprise, l'exercice comptable est obligatoirement d'une durée de 12 mois. Seul le premier exercice comptable, à la création de l'entreprise, peut être plus court ou plus long, dans la limite de 24 mois.

2. Les principes de base de la comptabilité

La comptabilité donne une représentation fidèle de la situation de la société en organisant les informations selon des règles très précises.

• L'indépendance des exercices

Ne doivent être enregistrées dans la liasse fiscale que les informations qui concernent l'exercice.

> *Exemple* : L'entreprise paie un abonnement pour un an à un magazine le 3 mars de l'année N. Est comptabilisé comme charge dans le compte de résultat le montant correspondant aux mois de mars jusqu'à décembre. Le montant de cet abonnement pour janvier et février N+1, même payé en N, est comptabilisé comme charge en N+1.

• La comptabilité d'engagement

La comptabilité ne prend pas en compte seulement les mouvements financiers mais aussi les engagements financiers de l'entreprise vis-à-vis de ses partenaires.

> *Exemple* : L'entreprise achète des biens auprès d'un fournisseur qu'elle ne paiera que trois mois plus tard. Ce n'est pas seulement au moment de payer ce fournisseur que la charge est comptabilisée mais bien quand l'engagement est pris.

- **Les règles de prudence**

Les pertes potentielles doivent être comptabilisées mais pas les gains potentiels.

> *Exemple* : L'entreprise doit comptabiliser une créance client qu'elle pense ne pas recouvrir mais ne doit pas enregistrer les plus-values potentielles sur ses valeurs mobilières de placement.

- **La non-compensation**

Les gains ne peuvent pas compenser les pertes. L'information financière fournit par la comptabilité doit retracer l'ensemble des mouvements financiers.

> *Exemple* : Une moins-value effective sur un actif ne peut être compensée dans les documents comptables par une plus-value effective sur un autre actif. Les deux doivent être clairement indiquées.

- **La permanence des méthodes**

La comptabilité de l'entreprise doit respecter les mêmes méthodes de calcul d'un exercice à l'autre.

> *Exemple* : Si l'entreprise a choisi un amortissement linéaire sur 5 ans pour une machine, elle ne peut pas passer au cours de ces 5 ans à un amortissement dégressif.

Dans quelques cas rares, l'entreprise peut déroger à ce principe en le justifiant si cela permet d'améliorer la qualité de son information financière.

3. Le rôle de l'analyse financière

- **L'analyse financière**

L'entreprise doit pouvoir communiquer sur sa situation financière avec ses différents interlocuteurs (clients, fournisseurs, banques, État, etc.). Pour cela, elle a l'obligation de produire un certain nombre de documents grâce à sa comptabilité, notamment la liasse fiscale complète.

Cet ensemble de documents ne fournit que des informations comptables qu'il est nécessaire de retraiter pour obtenir une information sur la situation financière d'une entreprise.

Le rôle de l'analyse financière est d'effectuer des retraitements pour mettre en valeur cette situation financière. Elle s'attache, entre autres, aux performances économiques de la société, à sa rentabilité mais aussi à sa stabilité financière.

ATTENTION

Le rôle de l'analyse financière n'est pas de donner des conseils à l'entreprise. Elle présente un diagnostic financier de l'entreprise.

La comptabilité fournit les chiffres indispensables à ces retraitements et l'analyse financière organise ces chiffres pour faire apparaître des problématiques et émettre un avis, un diagnostic financier.

→ **L'analyse financière consiste à « faire parler » les chiffres de la comptabilité.**

Une analyse financière peut être effectuée à partir du bilan et d'un compte de résultat, sans avoir de renseignements sur l'activité de l'entreprise, ses effectifs, etc. Cependant, pour une analyse plus précise, il faut prendre en compte la nature de l'activité de l'entreprise et son marché afin d'effectuer des comparaisons avec les concurrents de l'entreprise.

Cet ouvrage propose une introduction à l'analyse financière qui se base uniquement sur les données fournies dans un compte de résultat et un bilan sans tenir compte de la nature de l'activité, des effectifs ni du marché. Il s'agit de comprendre le raisonnement et les mécanismes sans entrer dans les détails.

• La comptabilité analytique

Mais l'analyse financière a aussi ses limites. Les documents comptables qui sont à disposition ne permettent que de donner un avis.

Il existe une autre forme de comptabilité, non obligatoire, qui permet principalement aux entreprises de prendre des décisions : **la comptabilité analytique.** Cette comptabilité repose sur l'analyse des coûts en distinguant les différents pôles d'activité au sein d'une entreprise.

Cela permet par exemple à l'entreprise de déterminer ses prix de vente de chaque produit en fonction des coûts qui s'y rapportent.

Exemple : La comptabilité générale classe les coûts en fonction de leurs différentes natures, alors que la comptabilité analytique les classe selon leurs destinations, selon l'activité à laquelle ils sont rattachés.

Pour effectuer une analyse précise de la situation de l'entreprise, l'analyste financier peut s'appuyer sur cette comptabilité analytique mais ce n'est pas toujours le cas.

Remarque : La suite de cet ouvrage présente une introduction à l'analyse financière qui ne se base pas sur la comptabilité analytique.

Cas pratique

Indiquez si les affirmations suivantes sont vraies ou fausses.

a. Toutes les sociétés doivent produire une liasse fiscale une fois par an.
b. Le remplissage de la liasse fiscale est laissé au libre-arbitre de l'entreprise.
c. L'exercice comptable débute obligatoirement le 1er janvier et se clôture le 31 décembre.
d. Seules les opérations de paiement sont enregistrées par la comptabilité.
e. Le comptable d'une entreprise ne peut pas changer de méthode de comptabilisation au cours d'un exercice.

Solutions : *a : Vrai ; b : Faux ; c : Faux ; d : Faux ; e : Vrai*

La présentation du compte de résultat

Fiche **3**

Objectifs	Comprendre la construction d'un compte de résultat.
Pré-requis	Fiches précédentes.
Mots-clés	Produits, charges, chiffre d'affaires, compte de résultat, production, résultat d'exploitation, résultat financier, résultat exceptionnel, bénéfice, perte.

Le compte de résultat permet de comprendre comment s'est formé **le bénéfice ou la perte** de l'entreprise au cours de l'exercice. Le résultat est la différence entre l'ensemble des produits et l'ensemble des charges.

1. Composition du compte de résultat

Les produits sont les ressources définitivement acquises par l'entreprise. Ce sont les éléments qui se traduisent par un encaissement, c'est-à-dire une entrée d'argent.

Exemple : Vente de biens.

Les charges sont les emplois consommés définitivement au cours de l'exercice. Ce sont les éléments qui se traduisent par un décaissement, c'est-à-dire une sortie d'argent.

Exemple : Achat de marchandises.

La simple analyse du résultat comptable d'une entreprise ne permet pas de donner un diagnostic financier pertinent. Il faut savoir identifier et analyser les éléments qui ont conduit à ce résultat. Pour cela, il est intéressant de différencier les facteurs qui sont directement liés à l'exploitation de l'entreprise, ceux qui concernent la politique d'investissement ou encore les éléments exceptionnels.

Le compte de résultat est séparé en trois grandes parties :

• **L'exploitation**, qui concerne l'activité quotidienne de l'entreprise.

• **Le financier**, qui concerne la politique financière de l'entreprise.

• **L'exceptionnel**, c'est-à-dire ce qui ne se renouvelle pas d'un exercice à l'autre.

Chacune de ces parties fait l'objet d'un calcul de résultat intermédiaire, qui permet déjà d'affiner l'analyse de la situation de l'entreprise.

Juste avant le résultat comptable de l'exercice, apparaissent deux autres données importantes :

- la participation des salariés ;
- les impôts sur les bénéfices.

Le schéma suivant présente la composition d'un compte de résultat, présenté en deux colonnes et faisant apparaître les différentes parties.

Remarque : Un résultat est toujours la différence entre des produits et des charges.

CHARGES	PRODUITS
Achats matières premières Frais de personnel Dotations aux amortissements ...	Ventes de biens Ventes de services ...
Total charges d'exploitation	**Total produits d'exploitation**
Résultat d'exploitation = Produits d'exploitation – Charges d'exploitation	
Intérêts versés ...	Intérêts reçus ...
Total charges financières	**Total produits financiers**
Résultat financier = Produits financiers – Charges financières	
Charges exceptionnelles sur opérations de gestion ...	Produits exceptionnels sur opérations de gestion ...
Total charges exceptionnelles	**Total produits exceptionnels**
Résultat exceptionnel = Produits exceptionnels – Charges exceptionnelles	
Participation des salariés Impôts sur les sociétés	
Résultat final = Résultat d'exploitation + Résultat financier + Résultat exceptionnel – Participation des salariés – Impôts sur les sociétés	

Schéma 4. Un compte de résultat simplifié

2. La lecture d'un compte de résultat

Le compte de résultat p. 22 à 25 présente des données fictives qui n'ont valeur que d'exemples. La présentation donnée, c'est-à-dire en liste, correspond à la normalisation des documents officiels fournis par l'administration fiscale.

Remarque : Pour des raisons pratiques, toutes les données monétaires sont exprimées en k€, c'est-à-dire en milliers d'euros. Par exemple, 1000 signifie 1000 k€, soit 1000000 €.

Formulaire obligatoire (article 53A
du Code général des impôts).

3

COMPTE DE RÉSULTAT DE L'EXERCICE

(En liste)

1

N° 10167 * 05

D.G.I. N° 2052

Désignation de l'entreprise : Exemple 1

				Exercice N					Exercice N-1
			France		Exportations et livraisons intracommunautaires		Total		
PRODUITS D'EXPLOITATION	Ventes de marchandises*		FA		FB		FC		
	Production vendue	biens*	FD	60 000	FE		FF	60 000	57 000
		services*	FG		FH		FI		
	Chiffre d'affaires nets*		FJ	60 000	FK		FL	60 000	57 000
	Production stockée*						FM	1 000	500
	Production immobilisée*						FN		
	Subvention d'exploitation						FO	500	400
	Reprises sur amortissements et provisions, transfert de charges* (9)						FP	3 500	3 000
	Autres produits (1) (11)						FQ	250	120
	Total des produits d'exploitation (2) (I)						FR	65 250	61 020
	Achats de marchandises (y compris droits de douane)*						FS		
	Variation de stock (marchandises)*						FT		
	Achats de matières premières et autres approvisionnements (y compris droits de douane)*						FU	21 000	19 000
	Variation de stock (matières premières et approvisionnements)*						FV	800	740
	Autres achats et charges externes (3) (6bis)*						FW	8 700	8 000

CHARGES D'EXPLOITATION	Impôts, taxes, versements assimilés*			FX	1 620	1 500
	Salaires et traitements*			FY	17 230	17 000
	Charges sociales (10)			FZ	6 550	6 200
	DOTATIONS D'EXPLOITATION	- sur immobilisations :	- dotations aux amortissements*	GA	2 200	2 400
			- dotations aux provisions *	GB	1 100	1 200
		- sur actif circulant : dotations aux provisions		GC		
		- Pour risques et charges : dotations aux provisions		GD		
	Autres charges (12)			GE	2 100	1 800
	Total des charges d'exploitation (4) (II)			GF	61 300	57 840
1 - RÉSULTAT D'EXPLOITATION (I - II)				GG	**3 950**	**3 180**
Opérat-ions en commun	Bénéfice attribué ou perte transférée*(III)			GH		
	Perte supportée ou bénéfice transféré* (IV)			GI		
PRODUITS FINANCIERS	Produits financiers de participations (5)			GJ		
	Produits des autres valeurs mobilières et créances de l'actif immobilisé			GK		
	Autres intérêts et produits assimilés (5)			GL	1 110	900
	Reprises sur provisions et transfert de charges			GM		
	Différences positives de change			GN		
	Produits nets sur cessions de valeurs mobilières de placement			GO		
	Total des produits financiers (V)			GP	1 110	900
CHARGES FINANCIERES	Dotations financières aux amortissements et provisions*			GQ		
	Intérêts et charges assimilées (6)			GR	2 500	2 500
	Différence négative de change			GS		
	Charges nettes sur cession de valeurs mobilières de placement			GT		
	Total des charges financières (VI)			GU	2 500	2 500
2 - RÉSULTAT FINANCIER (V - VI)				GV	**-1 390**	**-1 600**
3 - RÉSULTAT COURANT AVANT IMPÔTS (I-II+III-IV +V - VI)				GW	**2 560**	**1 580**

* Des explications concernant cette rubrique sont données dans la notice n° 2032

4

Formulaire obligatoire (article 53A
du Code général des impôts).

1

Compte de résultat (suite)

D.G.I. N° 2053

Désignation de l'entreprise : Exemple 1

			Exercice N	Exercice N-1
PRODUITS EXCEPTION-NELS	Produits exceptionnels sur opérations de gestion	HA	90	70
	Produits exceptionnels sur opérations en capital*	HB		
	Reprises sur provisions et transfert de charges	HC	350	
	Total des produits exceptionnels (7) (VII)	HD	440	70
CHARGES EXCEPTION-NELLES	Charges exceptionnelles sur opérations de gestion (6bis)	HE		
	Charges exceptionnelles sur opérations en capital*	HF		
	Dotations exceptionnelles aux amortissements et provisions	HG		400
	Total des charges exceptionnelles (7) (VIII)	HH		400
4 - RÉSULTAT EXCEPTIONNEL (VII - VIII)		HI	**440**	**-330**
Participation des salariés aux résultats de l'entreprise (IX)		HJ	50	42
Impôts sur les bénéfices* (X)		HK	560	470
TOTAL DES PRODUITS (I+III+V+VII)		HL	**66 800**	**61 990**
TOTAL DES CHARGES (II+IV+VI+VIII+IX+X)		HM	**64 410**	**61 252**
5 - BÉNÉFICE OU PERTE (Total des produits - total des charges)		HN	**2 390**	**738**
(1)	Dont produits nets partiels sur opérations à long terme	HO		
(2)	produits de locations immobilières	HY		
	produits d'exploitation afférents à des exercices antérieurs (à détailler au (8) ci-dessous)	1G		

RENVOIS					
(3)	- crédit-bail mobilier *	HP		
	- crédit-bail immobilier	HQ		
(4)	Dont charges d'exploitation afférentes à des exercices antérieurs (8)	1H		
(5)	Dont produits concernant les entreprises liées	1J		
(6)	Dont intérêts concernant les entreprises liées	IK		
(6bis)	Dont dons faits à des organismes d'intérêt général (art. 238 bis du C.G.I.)	HX		
(9)	Dont transferts de charges	A1		
(10)	Dont cotisations personnelles de l'exploitant (13)	A2		
(11)	Dont redevances pour concessions de brevets, de licences (produits)	A3		
(12)	Dont redevances pour concessions de brevets, de licences (charges)	A4		
(13)	Dont primes et cotisations complémentaires personnelles : facultatives A6 Obligatoires A9			

(7)	Détail des produits et charges exceptionnels (si ce cadre est insuffisant, joindre un état du même modèle) :	Exercice N Charges exceptionnelles	Exercice N Produits exceptionnelles

(8)	Détail des produits et charges sur exercices antérieurs :	Exercice N Charges antérieures	Exercice N Produits antérieurs

* Des explications concernant cette rubrique sont données dans la notice n° 2032

À NOTER

Tous les calculs qui sont en rapport avec le compte de résultat dans cet ouvrage sont effectués à partir de cet exemple.

La simple lecture du compte de résultat donne déjà des informations sur l'entreprise.

• Le chiffre d'affaires

Remarque : « Chiffre d'affaires » est toujours au singulier pour « chiffre » et au pluriel pour « affaires » car c'est un chiffre qui représente plusieurs affaires.

La lecture des quatre premières lignes du compte de résultat renseigne sur la nature de l'activité de l'entreprise.

- Si les « **ventes de marchandises** » sont renseignées, il s'agit d'une entreprise commerciale, c'est-à-dire qui a pour activité l'achat de marchandises et la revente de ces marchandises à un prix plus élevé.
- Si la « **production vendue de biens** » est renseignée, il s'agit d'une entreprise industrielle qui fabrique des produits à partir de matières premières.
- Si la « **production vendue de services** » est indiquée, il s'agit d'une entreprise qui vend des services, c'est-à-dire des prestations qui ne sont pas stockables, mais qui sont consommées au fur et à mesure de leur production.

Une entreprise peut avoir à la fois une activité commerciale et une activité industrielle ou une activité industrielle et une activité de services voire les trois en même temps.

Le chiffre d'affaires, en comptabilité, correspond à l'ensemble des ventes de l'entreprise donc à la somme des ventes de marchandises et de la production vendue de biens et de services.

Une hausse ou une baisse du chiffre d'affaires sur les deux années présentées est une première indication de la santé de l'entreprise, nécessaire mais pas suffisante.

Le chiffre d'affaires est aussi le produit entre le volume des ventes et leur prix de vente.

Chiffre d'affaires = Volume x Prix unitaire

Il faut donc pouvoir déterminer si la variation du chiffre d'affaires résulte d'une variation des quantités ou des prix. Pour cela, la simple lecture de la liasse fiscale n'est pas suffisante. Il faut avoir accès à la comptabilité analytique.

- **La production**

Le compte de résultat présente trois formes de production :

- La production vendue : vente de biens et de services.
- La production stockée : biens produits mais pas encore vendus.
- La production immobilisée : biens produits et achetés par l'entreprise elle-même.

- **Les charges d'exploitation**

Les principales charges d'exploitation sont :

- Les achats de marchandises (dans le cas d'une activité commerciale) et les achats de matières premières (dans le cas d'une activité industrielle). Les variations de stocks de ces achats viennent compléter l'information.
- Les salaires et les charges sociales qui y afférent.
- Les impôts et les taxes.

Remarque : Les dotations aux amortissements, les dotations aux provisions et les reprises de ces dotations sont expliquées à la fiche 5.

Une augmentation des charges a pour effet de diminuer le montant du résultat comptable. Mais il faut comprendre pourquoi les charges ont augmenté.

En ce qui concerne les achats de marchandises et de matières premières, il peut s'agir d'une hausse des volumes achetés mais aussi une hausse des prix.

Dans tous les cas, la variation des charges est à mettre en corrélation avec la variation du chiffre d'affaires.

3. Les différents résultats

La simple lecture du montant du résultat net n'indique que la position de l'entreprise à la fin de l'exercice sans en déterminer les facteurs. Pour mieux comprendre comment est formé ce résultat net, il faut observer les événements en fonction de leur nature.

• Le résultat d'exploitation

Il donne une indication sur la rentabilité de l'activité quotidienne de l'entreprise. Si les charges d'exploitation sont supérieures aux produits d'exploitation, ce résultat est négatif. Il faut donc étudier précisément la nature des charges qui sont trop importantes vis-à-vis des ventes de l'entreprise.

• Le résultat financier

Le résultat financier est fonction du poids de la dette et de la gestion de la trésorerie par l'entreprise. En effet, les produits financiers sont les gains des placements financiers de l'entreprise, qui dépendent des choix de placement, et les charges financières sont les intérêts des emprunts contractés auprès des banques, qui dépendent de l'endettement de l'entreprise.

Si l'entreprise est fortement endettée, le résultat financier sera négatif.

• Le résultat courant avant impôt

L'exploitation de l'entreprise doit pouvoir faire face à un résultat financier négatif.

Le résultat courant de l'entreprise correspond à la somme du résultat d'exploitation et du résultat financier. Il représente **la rentabilité économique** de l'entreprise puisqu'il s'agit du résultat de l'entreprise hors éléments exceptionnels.

• Le résultat exceptionnel

Est considéré comme exceptionnel, un élément qui n'a pas vocation à se reproduire sur plusieurs exercices.

Exemple : La vente d'un immeuble par l'entreprise va apporter un produit important, mais qui n'a aucun rapport avec son activité et qui ne va pas se reproduire.

- **Le résultat net**

Il s'agit du résultat comptable de l'exercice. S'il est positif, l'entreprise a réalisé un bénéfice, s'il est négatif, l'entreprise a enregistré une perte.

Remarque : La participation des salariés est expliquée fiche 11.

Cas pratique

À partir du compte de résultat fourni en exemple :

a. Indiquez la nature de l'activité de l'entreprise.

b. Quel est le montant du chiffre d'affaires pour les deux années données ? Calculez son taux d'évolution entre les deux années indiquées.

c. Indiquez pour les deux années, le montant du résultat d'exploitation, du résultat financier, du résultat courant, du résultat exceptionnel et du résultat net. Formulez une première appréciation sur ces différents résultats.

Solutions

a. Il s'agit d'une entreprise industrielle puisque la production vendue de biens est renseignée.

b. Le chiffre d'affaires s'élève à 60000 k€ en N et 57000 k€ en N–1, soit une hausse de 5,26 %.

$$\text{Taux de variation} = \frac{60\,000 \text{ k€} - 57\,000 \text{ k€}}{57\,000 \text{ k€}} = 0{,}0526 = 5{,}26\ \%$$

c.

Les principaux résultats (en k€)	**N**	**N–1**
Résultat d'exploitation	3950	3180
Résultat financier	–1390	–1600
Résultat courant avant impôt	2560	1580
Résultat exceptionnel	440	–330
Résultat net	**2390**	**738**

L'entreprise réussit à obtenir un résultat d'exploitation positif qui augmente entre les deux années.

Le résultat financier de l'entreprise est fortement négatif. Elle doit certainement faire face à un important endettement bancaire.

Son activité est rentable. Le résultat d'exploitation est en hausse et peut largement faire face au poids de la dette financière, puisque le résultat courant avant impôt est positif sur les deux années.

Au final, elle réussit à présenter un bénéfice qui augmente entre les deux années étudiées.

La présentation du bilan

Fiche **4**

Objectifs	Comprendre la construction d'un bilan.
Pré-requis	Fiches 1 et 2.
Mots-clés	Actif, passif, ressources, emplois, immobilisations, créances, dettes, capital social, réserves, report à nouveau, résultat.

Le bilan est une représentation à un instant donné des ressources et des emplois de ces ressources d'une entreprise.

1. Composition du bilan

Les ressources représentent les origines, la provenance des fonds employés. Elles forment le passif d'un bilan.

Les emplois représentent l'utilisation, la destination de ces fonds. Ils forment l'actif du bilan.

→ **Le bilan peut être vu comme une photographie de la situation patrimoniale d'une entreprise à un moment donné.**

Schématiquement, un bilan est toujours représenté sous la forme d'un tableau à deux colonnes. À gauche, l'actif qui détaille ce que l'entreprise possède. À droite, le passif qui décrit les moyens financiers de l'entreprise qui lui ont permis d'obtenir ce qu'elle a.

Actif	Passif
Qu'est-ce que l'entreprise détient ?	Comment elle a financé ce qu'elle détient ?

Le schéma 5 présente la composition d'un bilan.

Actif	Passif
Actif immobilisé	**Capitaux propres**
Actif immatériel (brevet, licence, fonds commercial...)	Capital social
Actif matériel (immeuble, installations, machines...)	Réserves
Actif financier (participations...)	Résultat
Actif circulant	**Dettes**
Stocks	Dettes financières (emprunts bancaires)
Créances clients	Dettes fournisseurs
Créances hors exploitation	Dettes hors exploitation
Valeurs mobilières de placement	
Disponibilités	
Total Actif	**Total Passif**

Schéma 5. Un bilan simplifié

Le principe de la partie double

Une opération est toujours inscrite à deux endroits différents, un en actif, l'autre en passif.

Exemple : Un fournisseur est payé, le montant des dettes fournisseurs diminue au passif et la trésorerie diminue du même montant à l'actif.

Donc **ACTIF = PASSIF**

2. La lecture du bilan actif

Le bilan présenté p. 34 et 35 donne des indications fictives qui n'ont valeur que d'exemples. La présentation donnée, en liste, correspond à la normalisation des documents officiels fournis par l'administration fiscale.

Remarque : Pour des raisons pratiques, toutes les données monétaires sont exprimées en k€, c'est-à-dire en milliers d'euros. Par exemple, 1000 signifie 1000 k€, soit 1000000 €.

L'actif se décompose en deux grandes parties : l'actif immobilisé et l'actif circulant.

L'actif immobilisé représente la valeur patrimoniale de l'entreprise. Il regroupe tout ce qui reste plus d'un an dans l'entreprise, d'où son qualificatif d'immobile. Il se présente en trois colonnes : le montant brut, le montant des amortissements et des provisions et le montant net.

Remarque : Les amortissements et les provisions sont expliqués dans la fiche suivante.

- **L'actif immatériel** comprend les immobilisations incorporelles, c'est-à-dire qu'on ne peut pas « toucher ».

  Exemples : les brevets, les licences, le fonds commercial...
- **L'actif matériel** englobe les immobilisations corporelles, qu'on peut « toucher ».

  Exemples : les immeubles, les terrains, les machines...
- **L'actif financier** contient les titres financiers de long terme détenus par l'entreprise.

  Exemples : prises de participation dans d'autres entreprises...

L'actif circulant n'est pas destiné à rester dans l'entreprise. Il a pour vocation de circuler. Il s'agit principalement des stocks et des créances (clients, hors exploitation...).

- **Les stocks** sont entreposés dans l'entreprise. Il peut s'agir de stocks de matières premières pour une entreprise industrielle qui attendent d'être transformés, de marchandises pour une entreprise commerciale qui attendent d'être vendues ou encore de stocks de produits finis, fabriqués par l'entreprise mais pas encore vendus.

Une entreprise cherche toujours à réduire ses stocks parce qu'ils représentent des coûts : coût de stockage, coût de surveillance, etc. alors qu'ils ne rapportent rien.

Formulaire obligatoire (article 53A du Code général des impôts).

1

N° 11937*03

BILAN - ACTIF

1

D.G.I. N° 2050

Désignation de l'entreprise : Exemple 1

Durée de l'exercice exprimée en nombre de mois* : 12

Adresse de l'entreprise :

Durée de l'exercice précédent* : 12

Numéro SIRET* :

Code APE :

Déclaration souscrite en k€				Exercice N, clos le : 31/12/N				31/12/N–1
				Brut		Amortissements, provisions	Net	Net
Capital souscrit non appelé (I)			AA					
ACTIF IMMOBILISÉ*	IMMOBILISATIONS INCORPORELLES	Frais d'établissement*	AB		AC			
		Frais de recherche et de développement*	AD		AE			
		Concession, brevets et droits similaires	AF		AG			
		Fonds commercial (1)	AH		AI			
		Autres immobilisations incorporelles	AJ		AK			
		Avances et acomptes sur immobilisations incorporelles	AL		AM			
	IMMOBILISATIONS CORPORELLES	Terrains	AN	2 000	AO	450	1 550	1 100
		Constructions	AP	17 000	AQ	1 962	15 038	13 000
		Installations techniques, matériels et outillages industriels	AR	15 800	AS	7 600	8 200	7 000
		Autres immobilisations corporelles	AT		AU			
		Immobilisations en cours	AV		AW			
		Avances et acomptes sur immobilisations corporelles	AX		AY			

	IMMOBILISATIONS FINANCIERES (2)	Participations évaluées par mise en équivalence	CS		CT			
		Autres participations	CU		CV			
		Créances rattachées à des participations	BB		BC			
		Autres titres immobilisés	BD		BE			
		Prêts	BF		BG			
		Autres immobilisations financières*	BH		BI			
		TOTAL (II)	BJ	**34 800**	BK	**10 012**	**24 788**	**21 100**
ACTIF CIRCULANT	STOCKS*	Matières premières, approvisionnements	BL	3 700	BM	500	3 200	3 600
		En cours de production de biens	BN	1 000	BO	250	750	250
		En cours de production de services	BP		BQ			
		Produits intermédiaires et finis	BR		BS			
		Marchandises	BT		BU			
		Avances et acomptes versés sur commandes	BV		BW			
	CRÉANCES	Clients et comptes rattachés* (3)	BX	13 200	BY		13 200	13 650
		Autres créances (3)	BZ		CA			
		Capital souscrit et appelé, non versé	CB		CC			
	DIVERS	Valeurs mobilières de placement (dont actions propres)	CD		CE			
		Disponibilités	CF	1 290	CG		1 290	1 200
COMPTES DE RÉGULARISATION		Charges constatées d'avance* (3) (E)	CH		CI			
		TOTAL (III)	CJ	**19 190**	CK	**750**	**18 440**	**18 700**
		Charges à répartir sur plusieurs exercices* **(IV)**	CL					
		Primes de remboursement des obligations **(V)**	CM					
		Écarts de conversion actif* **(VI)**	CN					
		TOTAL GÉNÉRAL (I à VI)	CO	**53 990**	1A	**10 762**	**43 228**	**39 800**

Renvois : (1) Dont droit au bail			(2) Part à moins d'un an	CP		(3) Part à plus d'un an CR
Clause de réserve de propriété :	Immobilisations :		Stocks :		Créances :	

* Des explications concernant cette rubrique sont données dans la notice n° 2032

À NOTER

Cet exemple de bilan sert de base à tous les calculs qui suivent. Il est redonné en annexe de cet ouvrage.

Le niveau des stocks doit être suffisant pour satisfaire les commandes mais pas trop important pour ne pas supporter un coût trop élevé.

Le niveau des stocks est aussi à lier au chiffre d'affaires. La proportion entre les stocks et ce chiffre d'affaires doit rester stable.

Exemple : Une hausse des stocks peut traduire une baisse de l'activité, le niveau des ventes diminue mais la production ne faiblissant pas, cela entraîne une hausse des stocks.

- **Les créances clients** représentent le montant des ventes qui ne sont pas encore payées par les clients.

Remarque : Les créances sont l'inverse des dettes.

Une dette est un montant que l'on doit à quelqu'un.

Exemple : L'entreprise doit payer ses fournisseurs, elle a une dette envers ses fournisseurs.

Une créance est un montant que quelqu'un nous doit.

Exemple : Les clients doivent payer l'entreprise. L'entreprise a une créance envers ses clients.

Les créances client sont des crédits que l'entreprise accorde à ses clients. Elle les autorise à les payer plus tard. C'est un geste commercial de la part de l'entreprise. Mais elle doit faire attention à bien recouvrer ses créances.

Exemple : Une augmentation des créances client peut faire penser à une hausse des créances qui ne seront pas honorées (faillite des clients...).

Les disponibilités sont le montant dont l'entreprise dispose sur son compte courant à la banque.

3. Lecture du bilan passif

Le bilan présenté p. 38 et 39 donne des indications fictives qui n'ont valeur que d'exemples. La présentation donnée, en liste, correspond à la normalisation des documents officiels fournis par l'administration fiscale.

Remarque : Pour des raisons pratiques, toutes les données monétaires sont exprimées en k€, c'est-à-dire en milliers d'euros. Par exemple, 1 000 signifie 1 000 k€, soit 1 000 000 €.

• **Les capitaux propres**

- **Le capital social**, c'est le capital apporté par les actionnaires de l'entreprise pour sa création. Il peut être augmenté ou diminué au cours de la vie de l'entreprise. Les apports des actionnaires peuvent être financiers (apport en numéraire) mais aussi sous forme d'immobilisations (immeubles, terrains...). C'est une somme mise à disposition de l'entreprise par les associés.
- **Les réserves** sont de deux catégories : les réserves légales et les autres réserves.
  La réserve légale est imposée par la loi. L'entreprise doit y affecter au minimum 5 % de son bénéfice du dernier exercice, avant distribution de dividendes, jusqu'à ce que cette réserve atteigne un dixième du capital social.
  Les autres réserves peuvent être des réserves statutaires, c'est-à-dire imposées par les statuts de la société ou des réserves facultatives librement constituées par l'entreprise.

L'entreprise peut décider de mettre en réserve tout ou partie de son bénéfice ou de le distribuer aux actionnaires sous forme de dividendes. Sinon, il est affecté l'exercice suivant au **report à nouveau**. Le report à nouveau et le montant des bénéfices de l'année peuvent alors être distribués sous forme de dividendes. Le report à nouveau sert aussi à absorber un résultat négatif.

- **Le résultat** de l'exercice fait partie des capitaux propres de l'entreprise. C'est le seul lien entre le compte de résultat et le bilan.

2

1

N° 11937 * 03

Formulaire obligatoire (article 53A du Code général des impôts).

BILAN - PASSIF avant répartition

D.G.I. N° 2051

Désignation de l'entreprise : Exemple 1					
	(Ne pas reporter le montant des centimes)*			Exercice N	Exercice N-1
CAPITAUX PROPRES	Capital social ou individuel (1)* (dont versé..)		DA	14 000	14 000
	Primes d'émission, de fusion, d'apports...		DB		
	Écarts de réévaluation (2)* (dont écart d'équivalence	EK	DC		
	Réserve légale (3)		DD	1 400	1 400
	Réserves statutaires ou contractuelles		DE		
	Réserves réglementées (3)* (Dont réserve spéciale des provisions pour fluctuations des cours)	B1	DF		
	Autres réserves (Dont réserve relative à l'achat d'œuvres originales d'artistes vivants)*	EJ	DG		
	Report à nouveau		DH	738	1 450
	RÉSULTAT DE L'EXERCICE (bénéfice ou perte)		DI	2 390	738
	Subvention d'investissement		DJ	3 400	3 200
	Provisions réglementées*		DK		
	TOTAL (I)		DL	**21 928**	**20 788**
Autres fonds propres	Produits des émissions de titres participatifs		DM		
	Avances conditionnées		DN		
	TOTAL (II)		DO		

Provisions pour risques et charges	Provisions pour risques	DP	500	320
	Provisions pour charges	DQ	250	212
	TOTAL (III)	DR	**750**	**532**
DETTES (4)	Emprunts obligataires convertibles	DS		
	Autres emprunts obligataires	DT		
	Emprunts et dettes auprès des établissements de crédit (5)	DU	13 261	11 200
	Emprunts et dettes financières diverses (Dont emprunts participatifs) EI	DV		
	Avances et acomptes reçus sur commandes en cours	DW		
	Dettes fournisseurs et comptes rattachés	DX	6 089	6 280
	Dettes fiscales et sociales dont IS	DY	1 200	1 000
	Dettes sur immobilisations et comptes rattachés	DZ		
	Autres dettes	EA		
Compte régul.	Produits constatés d'avance (4)	EB		
	TOTAL (IV)	EC	**20 550**	**18 480**
	Écarts de conversion passif* **(V)**	ED		
	TOTAL GÉNÉRAL (I à V)	EE	**43 228**	**39 800**
RENVOIS (1)	Écart de réévaluation incorporé au capital	1B		
(2)	Dont Réserve spéciale de réévaluation (1959)	1C		
	Dont Écart de réévaluation libre	1D		
	Dont Réserve de réévaluation (1976)	1E		
(3)	Dont réserve réglementée des plus-values à long terme*	EF		
(4)	Dettes et produits constatés d'avance à moins d'un an	EG		
(5)	Dont concours bancaires courants et soldes créditeurs de banques et CCP	EH		

* Des explications concernant cette rubrique sont données dans la notice n° 2032

Exemple :

Année N	N+1	N+2
Capital = 100 Réserves = 10 Report à nouveau = 40 Résultat = 50 Total capitaux propres = 200 Aucune redistribution en N	Capital = 100 Réserves = 10 Report à nouveau = 90 (40 + 50) Résultat = –60 Total capitaux propres = 140	Capital = 100 Réserves = 10 Report à nouveau = 30 (90 – 60) Résultat = 10 Total des capitaux propres = 150

La distribution de dividendes

L'analyse des quatre premiers postes du passif du bilan permet de déterminer le montant des dividendes qui ont été versés entre les deux années proposées.

Dividendes versés en N = (Capital social + Réserves + Report à nouveau + Résultat) de l'année N-1 – (Capital social + Réserves + Report à nouveau) de l'année N

Exemple : Le bilan fourni présente une distribution de dividendes de 1450 k€ en N.

Remarque : La loi impose que le montant des capitaux propres soit au moins égal à la moitié du capital social. Un résultat fortement négatif peut avoir comme effet que cette règle ne soit pas respectée. Les actionnaires doivent alors se prononcer sur la poursuite de l'activité ou la dissolution de l'entreprise. Si l'activité est poursuivie, l'entreprise a deux ans pour rétablir la situation.

- **Les dettes**

Les dettes financières correspondent aux emprunts contractés auprès des banques.

Les dettes fournisseurs sont les achats effectués auprès des fournisseurs qui ne sont pas encore payés par l'entreprise. Il s'agit donc de crédits accordés par les fournisseurs. Elles sont à mettre en relation avec les créances accordées aux clients.

Les dettes fiscales et sociales sont les sommes dues à l'État et à ses organismes : URSSAF, Impôts...

Rappel : Les dettes sont l'inverse des créances.

Une dette est un montant que l'on doit à quelqu'un.

Exemple : L'entreprise doit payer ses fournisseurs, elle a une dette envers ses fournisseurs.

Une créance est un montant que quelqu'un nous doit.

Exemple : Les clients doivent payer l'entreprise. L'entreprise a une créance envers ses clients.

Cas pratique

À partir du bilan qui est donné en exemple :

a. Déterminez la forme des immobilisations que possède l'entreprise.

b. Expliquez pourquoi le montant de la réserve légale n'a pas évolué d'une année sur l'autre.

c. L'entreprise a-t-elle contracté des emprunts auprès d'établissements bancaires ? Si oui, de quel montant ?

Solutions

a. L'entreprise ne possède que des immobilisations corporelles : des terrains, des constructions et des installations techniques. Les autres immobilisations (incorporelles et financières) n'étant pas remplies.

b. Le montant de la réserve légale n'a pas été augmenté d'une partie du résultat de N-1 parce qu'il a déjà atteint 10 % du montant du capital social.

1 400 k€ = 10 % de 14 000 k€.

c. L'entreprise est endettée auprès des banques pour 13 261 k€ en N.

Les amortissements et les provisions

Fiche **5**

Objectifs	Comprendre le mécanisme des amortissements et des provisions.
Pré-requis	Fiches précédentes.
Mots-clés	Amortissements, provisions, reprises de provisions, amortissement linéaire, amortissement dégressif, taux d'amortissement, annuité d'amortissement, valeur nette comptable, dépréciation, risque.

1. Les amortissements

- **Définition**

Les immobilisations perdent de leur valeur au fil du temps. Elles se déprécient à cause de l'usage, de la vétusté et aussi de l'évolution technologique. Dans la mesure où il faut que le compte de résultat et le bilan fournissent une image fidèle de la valeur de ce que possède l'entreprise, cette dévalorisation doit être prise en compte.

L'amortissement d'un bien correspond à la mesure de la dépréciation de ce bien dans le temps.

ATTENTION

Ces dépréciations ne représentent pas des décaissements pour l'entreprise, il n'y aucune sortie d'argent. Ce sont des charges internes calculées et enregistrées pour donner une image fidèle de la situation d'une entreprise.

Les amortissements permettent de constater la diminution de la valeur des éléments d'actifs en répartissant la perte de cette valeur sur la durée de vie totale du bien ; mais aussi de préparer le renouvellement de ces biens quand ils seront arrivés au bout de leur vie.

Quelques durées de vie et taux usuels d'amortissement

Éléments d'actif	Durée de vie	Taux usuel
Immeubles commerciaux	20 à 50 ans	2 % à 5 %
Immeubles industriels	15 à 20 ans	5 % à 7 %
Matériel industriel	5 à 10 ans	10 % à 20 %
Mobilier de bureau	10 ans	10 %
Brevet	5 ans	20 %
Véhicule de tourisme	5 ans	20 %
Véhicule utilitaire	4 ans	25 %
Logiciel informatique	2 ans	50 %

Le montant sur lequel est basé le calcul est la valeur d'origine du bien c'est-à-dire son coût d'acquisition hors TVA.

On appelle **valeur nette comptable**, la différence entre la valeur d'origine du bien et le montant des amortissements calculés.

Il existe deux formes de calcul de l'amortissement : l'amortissement linéaire et l'amortissement dégressif.

• L'amortissement linéaire

L'amortissement linéaire consiste à appliquer le même taux d'amortissement tout au long de la vie du bien. Ce mode de calcul basé sur un taux constant est le mode « normal ». Il est calculé à partir de la date de mise en service du bien.

$$\textbf{Taux d'amortissement} = \frac{1}{\text{Durée de vie du bien}}$$

Chaque année, une annuité d'amortissement est calculée pour enregistrer la dépréciation du bien.

Annuité d'amortissement =
Valeur d'origine x Taux d'amortissement

Les annuités sont constantes chaque année, sauf pour la première année qui prend en compte l'amortissement uniquement depuis la mise en service du bien jusqu'à la fin de l'exercice au *prorata temporis* c'est-à-dire en appliquant le rapport $\frac{\text{Nombre de jours}}{360}$.

Remarque : En analyse financière, une année compte 360 jours, soit 12 mois de 30 jours.

La dernière année, l'amortissement est le montant de la valeur nette comptable de la fin de l'exercice précédent.

Valeur nette comptable en fin d'exercice =
Valeur d'origine – Amortissements cumulés

Exemple : Une entreprise a acquis un véhicule utilitaire pour un prix de 20 000 € HT le 25 juin N. Il a été mis en service le 1er juillet N. L'entreprise décide d'amortir ce bien sur 4 ans selon le mode linéaire.

$$\text{Taux d'amortissement} = \frac{1}{4 \text{ ans}} = 25\ \%$$

Première et dernière anuité d'amortissement =

$$20\,000\ € \times 25\ \% \times \frac{180 \text{ jours}}{360 \text{ jours}} = 2\,500\ €$$

Autres annuités = 20 000 € x 25 % = 5 000 €

Le tableau d'amortissement permet de récapituler l'amortissement d'un bien sur sa durée de vie.

Années	Valeur nette comptable début exercice	Annuité	Amortissements cumulés	Valeur nette comptable fin d'exercice
du 1er juillet N au 31 décembre N	20 000 €	2 500 €	2 500 €	17 500 €
N+1	17 500 €	5 000 €	7 500 €	12 500 €
N+2	12 500 €	5 000 €	12 500 €	7 500 €
N+3	7 500 €	5 000 €	17 500 €	2 500 €
du 1er janvier N+4 au 30 juin N+4	2 500 €	2 500 €	20 000 €	0 €

Au bout de la durée de vie du bien, le montant de la valeur nette comptable doit être nul et le montant des amortissements cumulés égal à la valeur d'origine du bien.

• L'amortissement dégressif

L'amortissement dégressif est une possibilité accordée par l'administration fiscale qui permet d'amortir plus vite un bien en début de vie. Il doit encourager les entreprises à investir.

Taux d'amortissement dégressif = Taux linéaire x Coefficient

Le taux d'amortissement correspond alors au taux linéaire auquel est appliqué un coefficient qui dépend de la durée normale d'utilisation du bien.

Les coefficients de l'amortissement dégressif (imposés par la loi) :

Durée normale d'utilisation	Coefficient
3 ou 4 ans	1,25
5 ou 6 ans	1,75
+ de 6 ans	2,25

Le mode de calcul dégressif est abandonné dès lors que le taux dégressif devient inférieur au rapport $\frac{1}{\text{Nombre d'années restant}}$.

Si $\frac{1}{\text{Nombre d'années restant}}$ > Taux dégressif → on passe en linéaire.

Le mode linéaire est ensuite adopté jusqu'à la fin de la durée de vie du bien avec comme taux d'amortissement $\frac{1}{\text{Nombre d'années restant}}$.

ATTENTION

L'amortissement dégressif se calcule à partir du premier jour du mois d'acquisition du bien. Cette année est considérée comme pleine. En d'autres termes, un bien amortissable en 5 ans, même si la première annuité ne correspond qu'à quelques mois, ne sera amorti que sur ces quelques mois et 4 ans.

Annuité d'amortissement dégressif =
Valeur nette comptable de début d'exercice × Taux dégressif

Exemple : Une entreprise achète une machine pour 100 000 € le 5 mai de l'année N. Elle veut l'amortir en dégressif sur 10 ans.

Le coefficient dégressif correspondant est donc de 2,25.

Taux dégressif = $\frac{1}{10 \text{ ans}} \times 2{,}25 = 22{,}5\ \%$

Le premier amortissement court du 1er mai au 31 décembre soit 8 mois.

Première annuité = $100\,000\ € \times 22{,}5\ \% \times \frac{8 \text{ mois}}{12 \text{ mois}} = 15\,000\ €$

Autres annuités dégressives =
Valeur nette comptable de début d'exercice × 22,5 %

L'amortissement dégressif va alors jusqu'à N+5 inclus.

Années	Valeur nette comptable début exercice	Annuité	Amortis-sements cumulés	Valeur nette comptable fin d'exercice
de mai N à décembre N	100 000 €	15 000 €	15 000 €	85 000 €
N+1	85 000 €	19 125 €	34 125 €	65 875 €
N+2	65 875 €	14 822 €	48 947 €	51 053 €
N+3	51 053 €	11 487 €	60 434 €	39 566 €
N+4	39 566 €	8 902 €	69 336 €	30 664 €
N+5	30 664 €	6 899 €	76 236 €	23 764 €
N+6	23 764 €	5 941 €	82 177 €	17 823 €
N+7	17 823 €	5 941 €	88 118 €	11 882 €
N+8	11 882 €	5 941 €	94 059 €	5 941 €
N+9	5 941 €	5 941 €	100 000 €	0 €

À partir de N+6, il reste 4 ans à amortir. Le rapport $\frac{1}{\text{Nombre d'années restant}}$ est de $\frac{1}{4}$ soit 25 % ce qui est supérieur au taux dégressif. L'amortissement devient donc linéaire avec pour nouvelle annuité :

$$\text{Annuités à partir de N + 6} = \frac{23\,764\ €}{4\ \text{ans}} = 5\,941\ €$$

Pour mieux se repérer, il est possible d'établir le tableau suivant :

Taux dégressif = 0,225	Rapport 1/nombre d'années restant	Mode d'amortissement
N	1/10 = 0,1	Dégressif
N+1	1/9 = 0,11	Dégressif
N+2	1/8 = 0,13	Dégressif
N+3	1/7 = 0,14	Dégressif
N+4	1/6 = 0,17	Dégressif
N+5	1/5 = 0,20	Dégressif
N+6	1/4 = 0,25 > 0,225	Linéaire
N+7		Linéaire
N+8		Linéaire
N+9		Linéaire

2. Les provisions

- **Définition**

Les provisions apportent une correction aux postes de l'actif et du passif du bilan. Il s'agit d'événements prévisibles mais qui restent incertains.

Remarque : Les amortissements sont sûrs et certains alors que les provisions ne sont que potentielles.

Les provisions servent à constater soit :

- l'appréciation d'un poste de passif du bilan, notamment les dettes ;
- la dépréciation d'un poste de l'actif du bilan, notamment les créances.

- **Les provisions pour dépréciation des postes de l'actif**

La dépréciation est alors un risque, notamment un risque de non-recouvrement d'une créance.

Exemples : Un client en difficulté de paiement devient insolvable. Il est plus prudent pour l'entreprise de passer une provision sur cette créance.

Un stock de marchandises sera certainement bradé. L'entreprise doit passer une provision afin que la valeur de son stock reste fidèle à la situation réelle.

- **Les provisions pour appréciation de postes du passif**

L'appréciation correspond dans ce cas à une charge potentielle.

Exemples : Un licenciement qui est prévu doit obliger l'entreprise à passer une provision pour les futures indemnités qui seront versées.

Un procès fait aussi naître la possibilité de verser des dommages et intérêts qui nécessitent une provision.

- **Les reprises de provisions**

Quand l'événement devient certain ou au contraire quand le risque disparaît, l'entreprise doit reprendre le montant de ces provisions.

ATTENTION

Il est possible de reprendre une provision. Pas un amortissement (sauf cas exceptionnels).

Si le risque encouru s'avère définitif, la provision doit être contrebalancée par une reprise de provision et le décaissement correspondant. Cette reprise et ce décaissement se faisant sur l'exercice suivant l'apparition du risque, cela n'a aucune incidence sur le niveau du résultat.

Si le risque n'est plus valable, la provision est aussi reprise, mais sans décaissement. Dans ce cas, il y a alors une incidence sur le résultat de l'entreprise.

Exemple : L'entreprise est attaquée en justice aux prud'hommes par un ancien salarié qui réclame des indemnités. Dès qu'elle a connaissance de cette action en justice, l'entreprise doit passer une provision pour le montant des indemnités réclamées.

Lors de l'exercice suivant :

Le salarié a obtenu ses indemnités. L'entreprise reprend la provision pour le montant total et décaisse ce montant. L'incidence sur le résultat n'a lieu que l'année du passage de la provision.

Le salarié n'a pas obtenu ses indemnités. L'entreprise reprend la provision sans aucun décaissement. Elle voit donc son résultat augmenter d'autant.

Cas pratique

Une entreprise achète une machine 60 000 € le 2 mai. Elle met en service cette machine le 1er juin. Cette machine a une durée de vie estimée de 5 ans.

Présentez le tableau d'amortissement de cette machine selon le mode linéaire.

Solutions

Taux d'amortissement $= \dfrac{1}{5 \text{ ans}} = 0{,}2 = 20\ \%$

Première annuité d'amortissement $= 60\,000\ € \times 20\ \% \times \dfrac{210 \text{ jours}}{360 \text{ jours}} = 7\,000\ €$

Annuités suivantes $= 60\,000\ € \times 20\ \% = 12\,000\ €$

Années	Valeur nette comptable début exercice	Annuité	Amortis-sements cumulés	Valeur nette comptable fin d'exercice
du 1er juin N au 31 décembre N	60 000 €	7 000 €	7 000 €	53 000 €
N+1	53 000 €	12 000 €	19 000 €	41 000 €
N+2	41 000 €	12 000 €	31 000 €	29 000 €
N+3	29 000 €	12 000 €	43 000 €	17 000 €
N+4	17 000 €	12 000 €	55 000 €	5 000 €
du 1er janvier N+5 au 31 mai N+5	5 000 €	5 000 €	60 000 €	0 €

Première partie

L'analyse du compte de résultat

Les soldes intermédiaires de gestion

Fiche 6

Objectifs	Identifier les soldes intermédiaires de gestion.
Pré-requis	Fiches 1, 2 et 3.
Mots-clés	Soldes intermédiaires de gestion, tableau des soldes intermédiaires de gestion TSIG.

1. Définition

Les soldes intermédiaires de gestion permettent de comprendre et d'analyser comment s'est formé le résultat d'une entreprise. Le seul montant du résultat ne suffit pas à donner un avis sur la situation financière de l'entreprise.

Ce sont des soldes car ils représentent des différences entre des produits et des charges.

Leur appellation d'intermédiaires fait référence à des « paliers » entre la production et le résultat.

Aucune règle n'est imposée quant au choix de ces soldes. Certains analystes financiers présentent les soldes intermédiaires de gestion en suivant le compte de résultat et en faisant apparaître le résultat courant avant impôt. D'autres préfèrent faire apparaître la capacité d'autofinancement. Ce choix dépend du but recherché et des éléments qui doivent être mis valeur. C'est pourquoi l'utilisation d'une méthode doit toujours être expliquée par l'analyste financier.

2. Le tableau des soldes intermédiaires de gestion (TSIG)

Les soldes intermédiaires de gestion et leur construction sont facilement assimilables sous forme de tableau.

Le tableau suivant présente les soldes intermédiaires de gestion en suivant le compte de résultat. Il est construit à partir du compte de résultat fourni dans la fiche 3 qui est aussi en annexe de cet ouvrage.

Tableau des soldes intermédiaires de gestion (en k€)	N	N-1
Production vendue	60 000	57 000
Production stockée	1 000	500
Production immobilisée	0	0
Total production de l'exercice	**61 000**	**57 500**
Achats de matières premières	21 000	19 000
Variation de stock	800	740
Autres achats et charges externes	8 700	8 000
Total des consommations intermédiaires	30 500	27 740
Valeur ajoutée	**30 500**	**29 760**
VA = Production - Consommations intermédiaires		
Subventions d'exploitation	500	400
Impôts, taxes	1 620	1 500
Salaires et traitements	17 230	17 000
Charges sociales	6 550	6 200
Excédent brut d'exploitation	**5 600**	**5 460**
EBE = VA + Subventions d'exploitation – Impôts et taxes – Salaires et traitements – Charges sociales		
Reprises sur amortissements et provisions et transferts de charges	3 500	3 000
Autres produits d'exploitation	250	120
Dotations aux amortissements	2 200	2 400
Dotations aux provisions	1 100	1 200
Autres charges d'exploitation	2 100	1 800
Résultat d'exploitation	**3 950**	**3 180**
R Exp = EBE + Reprises sur amortissements et provisions + Autres produits d'exploitation - Dotations aux amortissements - Dotations aux provisions - Autres charges d'exploitation		
Produits financiers	1 110	900
Charges financières	2 500	2 500
Résultat financier	**–1 390**	**–1 600**
R Fin = Produits financiers - Charges financières		

Résultat avant impôt	**2 560**	**1 580**
R avant impôt = R exploitation + Résultat financier		
Produits exceptionnels	440	70
Charges exceptionnelles	0	400
Résultat exceptionnel	**440**	**-330**
R Except = Produits exceptionnels – Charges exceptionnelles		
Participation	50	42
Impôt sur les bénéfices	560	470
Résultat de l'exercice	**2 390**	**738**
Résultat = R Exploitation + R Financier + R Exceptionnel – Participation – Impôts sur les bénéfices		

Une autre forme d'analyse est possible en faisant notamment apparaître la capacité d'autofinancement. La suite de cette partie explique l'analyse financière en se référant à la capacité d'autofinancement.

3. Le schéma des soldes intermédiaires de gestion (SIG)

Les soldes intermédiaires de gestion peuvent aussi être exprimés sous forme de schéma.

Le schéma 6 représente les principaux soldes intermédiaires de gestion et leur construction en faisant apparaître la capacité d'autofinancement.

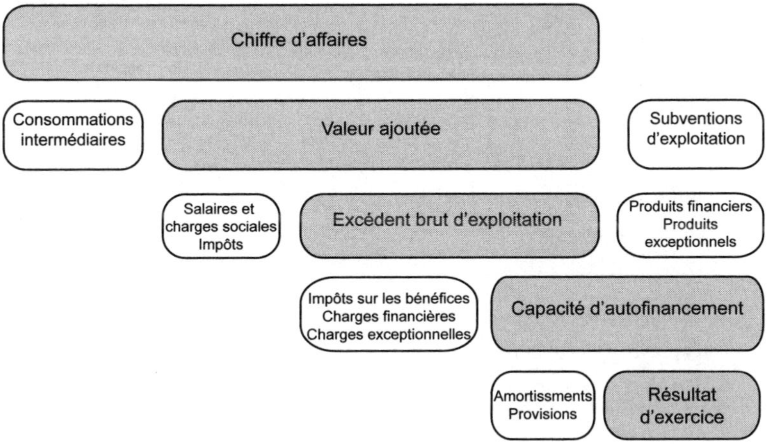

Schéma 6. Les soldes intermédiaires de gestion

Remarque : Un solde est toujours une différence entre une somme de produits et une somme de charges.

Par exemple, la valeur ajoutée est la différence entre le chiffre d'affaires net et les consommations intermédiaires. Pour obtenir l'excédent brut d'exploitation, il faut additionner la valeur ajoutée aux subventions d'exploitation et soustraire les salaires et les impôts. Et ainsi de suite.

Pour les entreprises commerciales, qui achètent des marchandises et les revendent sans les transformer, il existe aussi un autre solde : la marge commerciale qui est la différence entre les ventes de marchandises et les achats de marchandises.

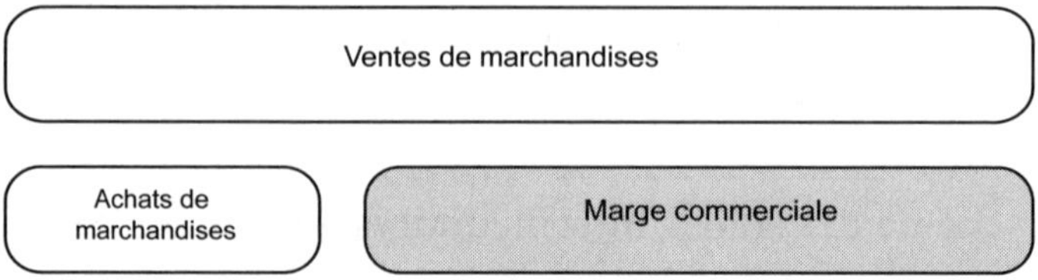

Schéma 7. La marge commerciale

Cas pratique
Réorganisez ces différents soldes du chiffre d'affaires net au résultat d'exercice : excédent brut d'exploitation, capacité d'autofinancement, valeur ajoutée.

Solutions

Chiffre d'affaires

Valeur ajoutée

Excédent brut d'exploitation

Capacité d'autofinancement

Résultat d'exercice

Le chiffre d'affaires

Fiche 7

Objectifs	Savoir calculer un chiffre d'affaires.
Pré-requis	Fiches 1, 2, 3 et 6.
Mots-clés	Chiffre d'affaires, marge commerciale, entreprise commerciale, taux de marge commerciale, ventes de marchandises, achats de marchandises, production de services, production de biens, production stockée, production immobilisée.

1. La marge commerciale

• Définition

Les entreprises commerciales n'ont qu'une activité de négoce. Cela signifie qu'elles achètent des marchandises pour les revendre auprès de leurs clients sans aucune transformation des marchandises.

Remarque : Le changement d'emballage ne correspond pas à une transformation de marchandise.

Exemples d'entreprises commerciales : La grande distribution, les magasins de vêtements, les magasins spécialisés, etc.

La marge commerciale est la différence entre les ventes de marchandises et les achats de marchandises +/- les variations de stocks.

Marge commerciale = Ventes de marchandises – Achats de marchandises ± Variation de stocks

• Interprétation

Dans la mesure où la vente à perte (c'est-à-dire vendre à un prix inférieur au prix d'achat) est interdite, **la marge commerciale est obligatoirement positive**.

L'entreprise a intérêt à augmenter sa marge commerciale. C'est elle qui lui permettra de rétribuer les différents acteurs (État, salariés, actionnaires...). Une baisse de la marge commerciale peut signifier une perte d'activité pour l'entreprise. Une hausse de la marge commerciale, si elle provient d'une baisse des achats peut correspondre à une rationalisation de ces achats et à l'obtention de meilleurs prix auprès des fournisseurs.

- **Le taux de marge commerciale**

Afin de mieux évaluer la situation d'une entreprise commerciale, il est intéressant de déterminer son taux de marge commerciale. Il s'agit du rapport entre la marge commerciale et la vente de marchandises.

$$\textbf{Taux de marge commerciale} = \frac{\text{Marge commerciale}}{\text{Ventes de marchandises}}$$

Ce taux doit être au moins stable dans le temps si ce n'est en hausse.

Il est aussi l'indicateur de référence pour situer une entreprise par rapport à ses concurrents.

2. La production

- **Définition**

Pour les entreprises qui produisent des biens et des services, **la production** est l'indicateur de référence de son activité. Elle correspond à la somme des différentes formes de productions.

Production de biens
\+ Production de services
\+ Production immobilisée
\+ Production stockée
= **Production totale**

La production immobilisée correspond à la production que l'entreprise a conservée pour elle-même. **La production stockée** représente les stocks des productions en cours.

- **Interprétation**

La production totale représente l'activité de l'entreprise. Toute entreprise veut augmenter sa production.

Cependant, il faut veiller à ce que ce ne soit pas les postes de production immobilisée et stockée qui marquent une croissance trop forte.

3. Les entreprises mixtes

Les entreprises qui ont à la fois une activité commerciale et une activité productive peuvent être analysées en séparant les deux activités. Il est alors possible de calculer à la fois une marge commerciale et une production totale.

Toutefois, l'analyse de la liasse fiscale se contente de séparer les deux activités à cette étape. Pour le calcul des autres soldes intermédiaires de gestion, c'est l'ensemble des activités qui est pris en compte.

Pour obtenir une analyse plus fine, il faut se référer à la comptabilité analytique de l'entreprise. Seules ces données permettront de faire un tableau des soldes intermédiaires de gestion de chaque activité.

4. Le chiffre d'affaires

Selon la comptabilité, le chiffre d'affaires correspond à la somme des ventes de marchandises, des ventes de biens et des ventes de services. Il est indiqué dans la première partie du compte de résultat.

En analyse financière, **le chiffre d'affaires** d'une entreprise productive correspond à la somme de toutes ses productions, y compris la production immobilisée et la production stockée.

Chiffres d'affaires (pour les entreprises productives) =
Production totale

Pour les entreprises mixtes, le chiffre d'affaires correspond à la somme de sa marge commerciale et de sa production totale.

Chiffres d'affaires (pour les entreprises mixtes) =
Marge commerciale + Production totale

C'est le chiffre d'affaires qui sert de référence, notamment pour le calcul des ratios.

Cas pratique

À partir des données suivantes, calculez la marge commerciale, le taux de marge commerciale, la production et le chiffre d'affaires de cette entreprise après avoir précisé la nature de son activité.

Ventes de marchandises : 10 000 €

Production de services : 4 000 €

Achats de marchandises : 6 000 €

Variation de stocks : –500 €

Solutions

L'entreprise a une activité mixte puisqu'elle présente à la fois des ventes de marchandises et une production de services.

La marge commerciale est de 3 500 € :

Marge commerciale = 10 000 € – 6 000 € – 500 € = 3 500 €.

Le taux de marge commercial est de 35 % :

$$\text{Taux de marge commerciale} = \frac{3\,500\ €}{10\,000\ €} = 35\ \%.$$

La production est de 4 000 €.

Le chiffre d'affaires est donc de 7 500 € :

CA = 3 500 € (Marge commerciale) + 4 000 € (Production) = 7 500 €.

La valeur ajoutée

Fiche **8**

Objectifs	Savoir calculer et interpréter une valeur ajoutée.
Pré-requis	Fiches précédentes sauf fiche 4.
Mots-clés	Valeur ajoutée VA, chiffre d'affaires, production, consommations intermédiaires, taux de VA.

1. Définition

La valeur ajoutée correspond à la création de richesse de l'entreprise due à son activité. Elle est la différence entre la valeur de son chiffre d'affaires net (ou de sa production totale) et de ses consommations intermédiaires.

Valeur ajoutée = Production – Consommations intermédiaires

Les consommations intermédiaires sont les achats de biens et de services que l'entreprise a réalisés à l'extérieur pour pouvoir effectuer sa production. Exemples : électricité, matières premières...

Exemple : Une entreprise qui fabrique des chaises en bois a besoin de bois et de colle. Elle achète auprès de ses fournisseurs le bois et la colle. Sa création de richesse réside dans la transformation de ce bois et de cette colle en chaise. Le bois et la colle sont la création de richesse de ses fournisseurs.

Remarque : La somme des valeurs ajoutées de toutes les entreprises d'un pays correspond à son Produit Intérieur Brut. C'est à partir de cet indicateur qu'est calculée la croissance d'un pays. La croissance est le taux de variation entre deux dates données du PIB d'un pays.

2. Mode de calcul

À partir du compte de résultat, **la valeur ajoutée** s'obtient par le calcul suivant :

	Production de biens
+	Production de services
+	Production immobilisée
+	Production stockée
–	Achat de matières premières
±	Variation de stocks
–	Autres achats et charges externes
=	**Valeur ajoutée**

Remarque : Dans le cas des entreprises commerciales, la valeur ajoutée correspond à la différence entre la marge commerciale et les achats externes.

Exemple : L'entreprise de chaises a vendu pour 10 000 € de chaises. Pour cela, elle a acheté 2 000 € de bois et 500 € de colle.
Sa valeur ajoutée est de 7 500 € :
VA = 10 000 € – 2 000 € – 500 € = 7 500 €.

Remarque : Il est aussi possible de considérer les subventions d'exploitation comme une ressource supplémentaire de l'entreprise et de considérer les impôts et taxes comme une consommation extérieure.

3. Interprétation

La valeur ajoutée permet à une entreprise de rémunérer tous les agents qui sont en interactions avec elle : les salariés en versant des salaires, l'État à travers les impôts, les banques avec les charges d'intérêt, mais aussi l'entreprise elle-même pour son autofinancement et/ou les actionnaires en leur versant des dividendes.

Le but d'une entreprise est donc d'augmenter sa valeur ajoutée, mais surtout d'augmenter sa proportion dans le chiffre d'affaires.

Pour cela, il est intéressant de calculer le taux de valeur ajoutée.

$$\textbf{Taux de valeur ajoutée} = \frac{\text{Valeur ajoutée}}{\text{Chiffre d'affaires}}$$

Ce rapport doit être au moins constant dans le temps si ce n'est croissant.

Il faut étudier les causes de la variation de la valeur ajoutée. Si la valeur ajoutée est en hausse parce que le montant des consommations intermédiaires diminue, cela peut correspondre à une rationalisation des coûts.

Les consommations intermédiaires doivent évoluer en correspondance avec le chiffre d'affaires.

Cas pratique

À partir du compte de résultat fourni en annexe, calculez et donnez une interprétation de la valeur ajoutée et de son évolution sur les deux années présentées.

Solutions

Le calcul de la valeur ajoutée (en k€)	**N**	**% du CA**	**N-1**	**% du CA**
Production vendue	60 000		57 000	
Production stockée	1 000		500	
Production immobilisée	0		0	
Total production de l'exercice	**61 000**	**100,0 %**	**57 500**	**100,0 %**
Achats de matières premières	21 000		19 000	
Variation de stock	800		740	
Autres achats et charges externes	8 700		8 000	
Total des consommations intermédiaires	30 500		27 740	
Valeur ajoutée	**30 500**	**50,0 %**	**29 760**	**51,8 %**
VA = Production – Consommations intermédiaires				

En N, la production totale de l'exercice est de 61 000 k€, soit une progression de 6 % par rapport à l'exercice précédent.

Les consommations intermédiaires suivent cette évolution. Il en résulte une hausse de la valeur ajoutée.

En N, cette valeur ajoutée représente 50 % du total de la production, ce qui est un taux très honorable. Même si la valeur ajoutée a augmenté entre les deux années, le taux de valeur ajoutée a, lui, perdu 1,8 point. Cela signifie que les achats ont augmenté légèrement plus vite que la production.

Il serait alors intéressant de détailler l'ensemble des achats et leurs évolutions mais la simple analyse du compte de résultat ne le permet pas.

L'excédent brut d'exploitation

Fiche 9

Objectifs	Savoir calculer et interpréter un excédent brut d'exploitation.
Pré-requis	Fiches précédentes sauf fiche 4.
Mots-clés	Excédent brut d'exploitation EBE, rentabilité, performance économique, taux d'EBE.

1. Définition

L'Excédent Brut d'Exploitation (EBE) représente la rentabilité d'une entreprise. C'est ce qui reste à l'entreprise une fois qu'elle a payé tous ses fournisseurs, ses salariés et l'État. Il ne dépend pas de la politique d'endettement puisque les éléments financiers ne sont pas pris en compte, ni des éléments exceptionnels.

→ **L'EBE, c'est la rentabilité de l'entreprise du seul fait de son activité courante.**

2. Mode de calcul

À partir du compte de résultat, l'excédent brut d'exploitation s'obtient par le calcul suivant :

	Valeur ajoutée
+	Subventions d'exploitation
–	Charges de personnel (salaires et charges sociales)
–	Impôts
=	**Excédent brut d'exploitation**

Exemple : L'entreprise de chaises, citée dans la fiche précédente, comptabilise une valeur ajoutée de 7 500 €. Cette entreprise est formée de 3 salariés qui perçoivent chacun 1 000 €. En outre, elle a dû verser 440 € d'impôts.

Son EBE s'élève à 4 060 € :

EBE = 7 500 € – (3 x 1 000 €) – 440 € = 4 060 €

Remarque : Un retraitement supplémentaire peut être effectué sur le personnel intérimaire. La comptabilité l'enregistre comme une charge extérieure mais il est possible de le comptabiliser avec les autres charges de personnel. Cette donnée est fournie en page 11 des annexes de la liasse fiscale.

3. Interprétation

L'excédent brut d'exploitation est l'indicateur principal de la **performance économique** d'une entreprise. Une augmentation de l'EBE est un signe encourageant pour une entreprise qui montre qu'elle réussit à être plus performante et plus rentable.

Cependant, il faut déterminer avec précision les causes de cette variation et notamment faire attention aux **charges de personnel**. Une baisse brutale des charges de personnel peut être synonyme de licenciements.

Dans les annexes de la liasse fiscale (page 11), l'effectif moyen du personnel est indiqué. Il est intéressant de rapporter la masse salariale (salaires et charges sociales) à cet effectif pour appréhender la politique salariale de l'entreprise.

Rappel : Une liasse fiscale avec annexes est proposée en annexe de cet ouvrage.

Pour apprécier la performance économique de l'entreprise, il est aussi intéressant de calculer un taux d'EBE, c'est-à-dire le rapport entre l'EBE et le chiffre d'affaires de l'entreprise.

$$\textbf{Taux d'EBE} = \frac{\text{EBE}}{\text{Chiffre d'affaires}}$$

Ce taux doit être au moins constant dans le temps, si ce n'est croissant. Il permet aussi de situer l'entreprise par rapport aux autres entreprises du même marché.

Cas pratique

À partir du compte de résultat fourni en annexe, calculez et donnez une interprétation de l'excédent brut d'exploitation et de son évolution sur les deux années présentées.

Solution

Le calcul de l'EBE (en k€)	**N**	**% du CA**	**N-1**	**% du CA**
Valeur ajoutée	**30 500**		**29 760**	
Subventions d'exploitation	500		400	
Impôts, taxes	1 620		1 500	
Salaires et traitements	17 230		17 000	
Charges sociales	6 550		6 200	
Excédent brut d'exploitation	**5 600**	**9,2 %**	**5 460**	**9,5 %**
EBE = VA + Subventions d'exploitation – Impôts et taxes – Salaires et traitements – Charges sociales				

Par effet mécanique, l'augmentation de la valeur ajoutée entre les deux années se retrouve sur le niveau de l'excédent brut d'exploitation. L'entreprise réussit à obtenir un EBE de 5 600 k€ qui représente plus de 9 % de son chiffre d'affaires.

Les salaires présentent une évolution qui retrace une augmentation normale des rémunérations. Aucun licenciement massif n'a dû avoir lieu dans cette entreprise.

La capacité d'autofinancement

Fiche 10

Objectifs	Savoir calculer et interpréter une capacité d'autofinancement.
Pré-requis	Fiches précédentes sauf fiche 4.
Mots-clés	Capacité d'autofinancement CAF, méthode soustractive, méthode additive, autofinancement, dividendes, taux de CAF.

1. Définition

La Capacité d'Autofinancement (CAF) définit le potentiel d'une entreprise à dégager des ressources grâce à son activité. Il s'agit d'une **ressource interne** que l'entreprise peut utiliser pour financer de nouveaux investissements ou pour distribuer des dividendes à ses actionnaires.

→ La CAF, c'est l'épargne de l'entreprise.

Alors que l'excédent brut d'exploitation ne prend en compte que les éléments liés à l'exploitation courante de l'entreprise, la capacité d'autofinancement comprend aussi les éléments financiers et exceptionnels.

2. Mode de calcul

La capacité d'autofinancement est calculée à partir de l'excédent brut d'exploitation.

	Excédent brut d'exploitation
+	Autres produits d'exploitation
–	Autres charges d'exploitation
+	Produits financiers
–	Charges financières
+	Produits exceptionnels
–	Charges exceptionnelles
–	Participation des salariés
–	Impôt sur les sociétés
=	**Capacité d'autofinancement**

Cette méthode permet de bien comprendre la composition de la CAF.

Remarque : Il existe une autre méthode pour calculer la capacité d'autofinancement à partir du résultat. Cette méthode, dite « additive » n'est pas préconisée. Elle nécessite des éléments de détails qui n'apparaissent pas dans le compte de résultat mais dans les annexes de la liasse fiscale.

	Résultat
+	Dotations aux amortissements
+	Dotations aux provisions
–	Reprises sur provisions
+	Valeur comptable des éléments d'actifs cédés
–	Produits des cessions d'éléments actifs
–	Quote-part des subventions d'investissements virée au résultat
=	**Capacité d'autofinancement**

3. L'interprétation

Comme pour les autres soldes, la simple évolution de la capacité d'autofinancement ne suffit pas, il faut en dégager les causes.

Par exemple, une CAF qui ne serait améliorée que par la présence de produits exceptionnels ne reflète pas pour autant une meilleure performance de la société. En effet, les produits exceptionnels ne seront pas renouvelés à l'exercice suivant. À l'inverse, une CAF qui serait minée par la simple présence de charges exceptionnelles importantes ne signifie pas que l'entreprise n'est plus capable de dégager des ressources. Il convient alors de comprendre en quoi consistent ces postes.

La capacité d'autofinancement fait aussi l'objet **d'un taux de capacité d'autofinancement** qui est le rapport entre son montant et le chiffre d'affaires.

$$\textbf{Taux de CAF} = \frac{\text{CAF}}{\text{Chiffre d'affaires}}$$

Comme pour les ratios précédents, ce taux permet de juger de la santé financière d'une entreprise mais aussi de la positionner par rapport aux autres entreprises de son marché.

4. L'autofinancement

L'autofinancement correspond à la différence entre la capacité d'autofinancement de l'année N et les dividendes qui sont décidés en N-1 mais distribués en N.

Autofinancement = CAF – Dividendes versés

Remarque : Le montant des dividendes versés est noté dans les annexes de la liasse fiscale (page 11).

L'autofinancement correspond au montant que l'entreprise attribue à ses **investissements**.

Cas pratique

À partir du compte de résultat fourni en annexe, calculez et donnez une interprétation de la capacité d'autofinancement et de son évolution sur les deux années présentées.

Solutions

Le calcul de la CAF (en k€)	**N**	**% du CA**	**N-1**	**% du CA**
Excédent brut d'exploitation	**5 600**		**5 460**	
Autres produits d'exploitation	250		120	
Autres charges d'exploitation	2 100		1 800	
Produits financiers	1 110		900	
Charges financières	2 500		2 500	
Produits exceptionnels	440		70	
Charges exceptionnelles	0		400	
Participation des salariés	50		42	
Impôts sur les bénéfices	560		470	
Capacité d'autofinancement	**2 190**	**3,6 %**	**1 338**	**2,3 %**
CAF = EBE + Autres produits d'exploitation - Autres charges d'exploitation + Produits financiers – Charges financières + Produits exceptionnels – Charges exceptionnelles - Participation – Impôts sur les bénéfices				

Le montant de la capacité d'autofinancement enregistre une forte hausse de 63,7 % passant de 1 338 k€ à 2 190 k€. En N, elle représente 3,6 % du chiffre d'affaires soit 1,3 point de plus que lors du précédent exercice. L'entreprise a donc réussi à améliorer sa capacité d'épargne.

Mais cette situation ne reflète pas une amélioration des performances économiques de l'entreprise. Elle est principalement due à un résultat exceptionnel favorable en N alors que ce n'était pas le cas en N-1.

Les charges financières qui pèsent sur l'entreprise sont relativement lourdes. Elle a dû faire appel à un emprunt auprès des banques pour financer ses investissements. À elles seules, les charges financières sont plus importantes que le montant de la capacité d'autofinancement.

La participation

Fiche 11

Objectifs	Comprendre le mécanisme de la participation des salariés.
Pré-requis	Fiches 1 à 4.
Mots-clés	Participation, réserve spéciale de participation, résultat fiscal, capitaux propres, masse salariale, valeur ajoutée, dividendes.

1. Définition

La participation des salariés aux résultats de l'entreprise est une forme de rémunération du personnel qui dépend du résultat de la société. Obligatoire pour les entreprises de plus de 50 salariés, elle doit permettre une motivation accrue des salariés puisqu'elle les associe aux performances de leur entreprise.

Le montant de cette participation n'est pas libre. Il résulte d'un calcul imposé par la loi.

ATTENTION

Ne pas confondre participation et intéressement.

Le montant de la participation est déterminé selon un calcul imposé par la loi. Elle est obligatoire pour les entreprises de plus de 50 salariés.

L'intéressement est facultatif et peut être adopté par toutes les entreprises. Le mode de calcul résulte d'une négociation entre la direction et les salariés mais doit toujours comporter un caractère aléatoire.

2. Mode de calcul

Le montant global qui sera réparti entre les salariés pour la participation est appelé **Réserve Spéciale de Participation.**

Son calcul est le suivant :

$$RSP = \frac{R - 5\,\% \times CP}{2} \times \frac{S}{VA}$$

R = le résultat fiscal de l'entreprise pour un exercice.

Le résultat fiscal est obtenu à partir du résultat de l'exercice auquel sont ajoutées des « réintégrations » et soustraites des « déductions » qui sont décidées par l'administration fiscale. Le détail de ce calcul est exposé dans la page 9 des annexes de la liasse fiscale (voir annexe de cet ouvrage).

Remarque : De la même façon que le revenu fiscal diffère du revenu net pour un particulier, le résultat fiscal d'une entreprise est différent du résultat comptable.

CP = les Capitaux Propres de l'entreprise inscrits au passif de son bilan.

S = la masse salariale, c'est-à-dire le montant brut de tous les salaires versés pendant l'exercice. Ce montant est indiqué dans la page 11 des annexes de la liasse fiscale.

VA = la valeur ajoutée qui diffère légèrement du calcul de valeur ajoutée selon les soldes intermédiaires de gestion. Elle fait l'objet d'un calcul précis porté à la page 16 des annexes de la liasse fiscale.

Remarque : Aucune participation ne peut donc être versée en cas de résultat négatif.

3. Analyse

La formule de calcul de la réserve spéciale de participation se décompose en deux parties :

- **le rapport** $\frac{S}{VA}$

Il représente la part des salaires dans la création de richesses de l'entreprise afin de mettre en relation le montant de la participation et le poids du personnel dans la création de richesses.

Ce taux est donc plus élevé pour les entreprises qui emploient du personnel qualifié et bien rémunéré que pour les entreprises qui emploient du personnel peu qualifié. Cette partie du calcul favorise donc les entreprises à hauts salaires par rapport aux entreprises industrielles qui font surtout appel à des ouvriers.

- **R – 5 % × CP**

Cette partie de la formule fait interagir le montant de la participation avec le montant des dividendes versés. En effet, plus une entreprise verse de dividendes, plus cette partie de la formule augmente.

Exemple, en k€ :

Année N	Année N+1 si l'entreprise ne distribue pas de dividendes	Année N+1 si l'entreprise verse 50 de dividendes
R = 100 CP = 100 R – 5 % × CP = 100 – 5 = 95	R = 100 CP = 200 (100 de N + 100 de N+1) R – 5 % × CP = 100 – 10 = 90	R = 100 CP = 150 (100 de N + 50 de N+1) R – 5 % × CP = 100 – 7,5 = 92,50

Donc la formule du calcul de la participation fait que **la participation augmente quand le versement de dividendes augmente.** Cela permet alors à certaines entreprises de « justifier » le versement de dividendes auprès de leurs salariés.

Cas pratique
Calculez le montant de la participation individuelle des salariés selon les données suivantes : Une entreprise de 100 salariés a enregistré un résultat fiscal de 120 000 €. Le montant de ses capitaux propres est de 1 440 000 €. Cette même année, elle a versé 30 000 € de salaires bruts et a enregistré une valeur ajoutée de 60 000 €.

Solutions

$$RSP = \frac{120\,000\ € - 5\ \% \times 1\,440\,000\ €}{2} \times \frac{30\,000\ €}{60\,000\ €}$$

RSP = 12 000 €

La Réserve Spéciale de Participation est de 12 000 €. Cela correspond à une participation individuelle de 120 €.

$$\text{Participation individuelle} = \frac{RSP}{\text{Nombre de salariés}} = \frac{12\,000\ €}{1\,000\ \text{salariés}} = 120\ €$$

Les principaux résultats

Fiche **12**

Objectifs	Savoir calculer les principaux résultats.
Pré-requis	Fiches précédentes sauf fiche 4.
Mots-clés	Résultat d'exercice, résultat net, bénéfice, perte, taux de résultat, résultat financier, résultat exceptionnel.

Un résultat est toujours une différence entre des produits et des charges.

1. Le résultat net

• Mode de calcul

Le résultat net s'obtient à partir de la capacité d'autofinancement par le calcul suivant :

	Capacité d'autofinancement
–	Dotations aux amortissements
–	Dotations aux provisions
+	Reprises de provisions
=	Résultat de l'exercice

Le résultat de l'exercice est aussi la différence entre tous les produits et toutes les charges du compte de résultat.

Résultat de l'exercice = Tous les produits – Toutes les charges

• Interprétation

Lorsqu'il est positif, le résultat net correspond à un **bénéfice**. S'il est négatif, il s'agit d'une **perte**.

L'observation de ce résultat permet de donner une indication sur les performances de l'entreprise mais n'est jamais suffisant pour en déduire une analyse fine. Si l'entreprise enregistre un résultat négatif, cela peut être à cause d'éléments qui n'ont pas pour vocation de se reproduire, comme le passage d'une provision importante par exemple.

Parallèlement, un résultat positif n'est pas le signe d'une forte rentabilité.

- **Le taux de résultat net**

Le taux de résultat net est aussi pertinent. Il correspond au rapport entre le résultat et le chiffre d'affaires.

$$\textbf{Taux de résultat} = \frac{\text{Résultat}}{\text{Chiffre d'affaires}}$$

Outre une information essentielle sur l'entreprise, il permet d'effectuer des comparaisons de l'entreprise vis-à-vis de ses concurrents.

2. Le résultat financier

Le résultat financier est la différence entre les produits financiers et les charges financières.

Résultat financier = Produits financiers – Charges financières

Les produits financiers sont principalement les gains obtenus grâce aux placements sur les marchés financiers de l'entreprise ou les dividendes que perçoit l'entreprise de ses prises de participations dans d'autres sociétés.

Les charges financières sont essentiellement les charges d'intérêt versées aux banques en contrepartie des emprunts qu'elle a contractés.

Le résultat financier d'une entreprise dépend donc de sa **politique d'endettement**. Par exemple, si l'entreprise est fortement endettée auprès des banques, elle subira des lourdes charges financières et son résultat financier sera faible voire négatif.

3. Le résultat exceptionnel

Le résultat exceptionnel est la différence entre les produits exceptionnels et les charges exceptionnelles. Il n'a pas vocation à se renouveler lors des exercices ultérieurs. Son niveau dépend donc d'événements particuliers survenus au cours de la vie de l'entreprise.

Exemples : Un déménagement, la vente d'un immeuble…

Résultat exceptionnel = Produits exceptionnels – Charges exceptionnelles

Il n'a pas de corrélation avec l'activité habituelle de l'entreprise et ne donne donc qu'une information sur la vie de l'entreprise mais pas sur ses performances.

Cas pratique

À partir du compte de résultat fourni en annexe, calculez et donnez une interprétation du résultat de l'exercice, de son évolution sur les deux années présentées, du résultat financier et du résultat exceptionnel.

Solutions

Le calcul du résultat d'exercice (en k€)	**N**	**% du CA**	**N-1**	**% du CA**
Capacité d'autofinancement	**2 190**		**1 338**	
Dotations aux amortissements	2 200		2 400	
Dotations aux provisions	1 100		1 200	
Reprises de provisions	3 500		3 000	
Résultat de l'exercice	**2 390**	**3,9 %**	**738**	**1,3 %**
R = CAF – Dotations aux amortissements – Dotations aux provisions + Reprises de provisions				

Résultat financier (en k€)	N	N-1
Produits financiers	1 110	900
Charges financières	2 500	2 500
Résultat financier	**-1 390**	**-1 600**

Résultat exceptionnel (en k€)	N	N-1
Produits exceptionnels	440	70
Charges exceptionnelles	0	400
Résultat exceptionnel	**440**	**-330**

En N, l'entreprise réussit à obtenir un résultat positif de 2 390 k€. Cela représente près de 4 % de sa production. À noter, le montant important des reprises de provisions. Il serait intéressant d'en déterminer la nature.

Le résultat financier de l'entreprise est négatif dans la mesure où elle doit verser un montant élevé de charges d'intérêts. L'entreprise est donc endettée auprès des banques ce qui augmente sa dépendance financière et peut endommager sa solvabilité. Ces aspects seront étudiés dans les deuxième et troisième parties de cet ouvrage.

Le résultat exceptionnel est négatif en N-1. Il a dû se passer un événement qui explique cette situation que la seule analyse du compte de résultat ne peut déterminer. À l'inverse, il est positif en N grâce à la présence de produits exceptionnels. Cela n'a pas d'incidence sur les performances de l'entreprise.

Deuxième partie
L'analyse du bilan

Le bilan fonctionnel

Fiche **13**

Objectifs	Savoir établir un bilan fonctionnel.
Pré-requis	Fiches 1, 2 et 4.
Mots-clés	Bilan fonctionnel, emplois stables, ressources stables, actif circulant, passif circulant, trésorerie, trésorerie active, trésorerie passive.

1. Définition

Le bilan fonctionnel est établi à partir du bilan comptable de l'entreprise. Les éléments qui le composent sont réorganisés en trois catégories : l'investissement, l'exploitation et la trésorerie.

Le bilan fonctionnel est plus facile à interpréter. Il donne une vision plus fine de la structure financière d'une entreprise.

Comme tout bilan, il se présente sous la forme d'un tableau à deux colonnes : à gauche l'actif, à droite le passif. Seule l'organisation des postes est différente, le montant de l'actif est toujours égal au montant du passif.

ATTENTION

L'actif du bilan fonctionnel fait apparaître des valeurs brutes. Les amortissements et les provisions sont considérés comme des ressources stables de l'entreprise. Ils apparaissent au passif du bilan, avec les capitaux propres.

2. La composition d'un bilan fonctionnel

Le schéma 8 représente un bilan fonctionnel simplifié, indiquant pour chacune des catégories les postes qui les composent.

ACTIF	PASSIF	
Immobilisations incorporelles	Capitaux propres	Investissements
Immobilisations corporelles	Réserves	
Immobilisations financières	Report à nouveau	
	Subventions d'investissement	
	Dettes financières	
	Amortissements	
	Provisions	
Total emplois stables	**Total ressources stables**	
Créances clients	Dettes fournisseurs	Exploitation
Stocks	Dettes État	
Total actif circulant	**Total passif circulant**	
Valeurs mobilières	Découverts	Trésorerie
Disponibilités		
Total trésorerie positive	**Total trésorerie négative**	
Total ACTIF	**Total PASSIF**	

Schéma 8. Le bilan fonctionnel

Le bilan fonctionnel fait bien apparaître trois « étages » :

- **Les investissements**

Le premier étage d'un bilan fonctionnel rapporte la politique d'investissement de l'entreprise.

Les emplois stables sont toutes les immobilisations que l'entreprise a acquises au cours de son existence.

Les ressources stables sont les sources de financement sûres et durables de l'entreprise. Elles comprennent les capitaux propres, les dettes financières et les amortissements et provisions. Les dettes financières sont les emprunts contractés auprès des banques mais uniquement les emprunts de long terme. Les découverts autorisés par la banque, appelés aussi concours bancaires courants, ne sont pas compris.

Les amortissements et les provisions sont considérés comme des ressources pour l'entreprise car elles permettent à l'entreprise de se financer. Par exemple, l'amortissement d'une machine permet ensuite l'achat d'une nouvelle machine.

- **L'exploitation**

Le deuxième étage d'un bilan fonctionnel retrace **l'exploitation courante** de l'entreprise. Le cycle d'exploitation est la durée qui s'écoule entre l'achat aux fournisseurs et le paiement des clients. L'entreprise peut négocier un délai de paiement avec ses fournisseurs, mais elle accorde aussi des délais de règlement à ses clients et doit faire face aux coûts de stockage. L'entreprise doit se financer pendant le temps qui s'écoule entre le paiement de ses fournisseurs et le paiement des clients.

- **La trésorerie**

Le troisième étage d'un bilan concerne la trésorerie de l'entreprise.

La trésorerie active est détenue par l'entreprise. Elle se compose de ses disponibilités, c'est-à-dire des soldes positifs de ses comptes en banque et de valeurs mobilières que sont les titres financiers que l'entreprise a achetés.

La trésorerie passive correspond aux découverts que l'entreprise a négociés avec sa banque.

→ Le bilan fonctionnel est un **outil d'analyse** qui permet d'avoir une approche fine de la situation financière d'une entreprise. L'analyse financière s'appuie sur ce bilan fonctionnel pour déterminer le fonds de roulement, le besoin en fonds de roulement et la trésorerie.

Ces données sont décrites dans les trois fiches suivantes.

Cas pratique
À partir du bilan donné en exemple dans la fiche 4 et en annexe de cet ouvrage, établissez le bilan fonctionnel pour l'année N.

Solutions

En k€

ACTIF	N	PASSIF	N
Immobilisations incorporelles	0	Capital social	14 000
Immobilisations corporelles	34 800	Réserve légale	1 400
Immobilisations financières		Report à nouveau	738
		Résultat	2 390
		Subventions d'investissement	3 400
		Dettes financières	13 261
		Amortissements	10 012
		Provisions	1 500
Total emplois stables	**34 800**	**Total ressources stables**	**46 701**
Créances clients	13 200	Dettes fournisseurs	6 089
Stocks	4 700	Dettes État	1 200
Total actif circulant	**17 900**	**Total passif circulant**	**7 289**
Valeurs mobilières	0	Découvert	0
Disponibilités	1 290	Crédits de trésorerie (court terme)	0
Total trésorerie positive	**1 290**	**Total trésorerie négative**	**0**
Total ACTIF	**53 990**	**Total PASSIF**	**53 990**

Le fonds de roulement

Fiche **14**

Objectifs	Savoir calculer et interpréter un fonds de roulement.
Pré-requis	Fiches 1, 2, 4 et 13.
Mots-clés	Fonds de roulement net global (FRNG), emplois stables, ressources stables, insuffisance en fonds de roulement.

1. Définition

Le fonds de roulement, appelé aussi **Fonds de Roulement Net Global** (FRNG) est la différence entre les ressources stables et les emplois stables.

Il permet de comprendre si les ressources stables suffisent à financer les emplois stables, c'est-à-dire si les ressources qui sont propres à l'entreprise lui permettent de financer sa politique d'investissement.

Fonds de roulement = Ressources stables – Emplois stables

Pour une entreprise, il est préférable que ce soient les ressources sûres et durables qui financent les emplois stables, c'est-à-dire les immobilisations qui sont amenées à perdurer au sein de l'entreprise. Cela signifie que le fonds de roulement doit être positif.

→ **Le stable finance le stable.**

2. Interprétation

Si le fonds de roulement est positif, cela signifie que les ressources stables sont supérieures aux emplois stables. Les immobilisations de l'entreprise sont donc financées par ses ressources. C'est une situation saine.

L'entreprise dispose alors d'un surplus de ressources stables qui peut financer d'autres besoins de l'entreprise, comme son actif circulant, par exemple ses créances clients.

Si le fonds de roulement est négatif, cela signifie que les ressources stables sont inférieures aux emplois stables. On parle alors **d'insuffisance en fonds de roulement**. L'entreprise n'arrive pas à financer sa politique d'investissement avec ses ressources stables.

Ce n'est pas une situation saine pour l'entreprise puisqu'elle est obligée d'utiliser des ressources circulantes, comme des dettes fournisseurs, voire sa trésorerie pour financer ses immobilisations.

3. L'insuffisance en fonds de roulement

L'insuffisance en fonds de roulement peut avoir plusieurs causes. En voici deux exemples.

- Si l'entreprise est dans une phase d'investissements massifs, les effets bénéfiques sur les bénéfices et donc sur les ressources stables peuvent survenir avec un décalage temporel. Il faut alors veiller à la politique de redistribution des bénéfices de l'entreprise. Elle doit privilégier ses ressources stables aux versements de dividendes.
- Si l'insuffisance en fonds de roulement ne provient pas d'investissements massifs, l'entreprise doit veiller à la constitution de ses ressources stables. Ses capitaux propres ne sont peut-être pas à la hauteur de ses investissements. Si le montant de ses dettes financières est faible mais qu'elle bénéficie de concours bancaires courants importants, il est peut-être temps de restructurer sa dette.

Dans tous les cas, une entreprise ne doit pas rester en insuffisance en fonds de roulement. Elle doit pouvoir redresser la situation.

Cas pratique

À partir du bilan fonctionnel de la fiche précédente, déterminez et interprétez le fonds de roulement de l'entreprise.

Solutions

Fonds de roulement = Ressources stables – Emplois stables

= 46 701 k€ – 34 800 k€

= 11 901 k€

L'entreprise réussit à dégager un fonds de roulement positif de 11 901 k€. Cela signifie que ses immobilisations sont financées par des ressources stables.

Il reste à savoir si ce fonds de roulement est suffisant pour financer l'exploitation courante.

Le besoin en fonds de roulement

Fiche 15

Objectifs	Savoir calculer et interpréter un besoin en fonds de roulement.
Pré-requis	Fiches 1, 2, 4 et 13.
Mots-clés	Besoin en fonds de roulement (BFR), ressources en fonds de roulement, actif circulant, passif circulant, dettes fournisseurs, créances clients, stocks, délai règlement clients, délai règlement fournisseurs, taux de rotation des stocks, durée de rotation des stocks.

1. Définition

Après avoir réussi à financer sa politique d'investissement, l'entreprise doit faire face à l'exploitation courante.

Rappel : Le cycle d'exploitation d'une entreprise comprend un décalage temporel entre le moment où elle paye ses fournisseurs et le moment où ses clients la payent (voir fiche 1).

Le besoin en fonds de roulement (BFR) représente **ce financement de l'exploitation courante**, ce dont l'entreprise a besoin pour continuer de fonctionner au quotidien.

Quand une entreprise négocie **un délai de paiement avec un fournisseur**, cela représente une ressource pour elle. Cette ressource peut lui permettre de financer **les délais de paiement accordés à ses clients** ainsi que ses **stocks**, mais elle n'est pas suffisante. La différence correspond au besoin en fonds de roulement.

Besoin en fonds de roulement =
Actif circulant – Passif circulant =
Créances d'exploitation + Stocks – Dettes d'exploitation

2. Interprétation

Le besoin en fonds de roulement d'une entreprise doit être **le plus faible possible** car il faut qu'elle finance ce besoin.

> *Exemple* : Une entreprise fabrique des chaises avec du bois et de la colle. Quand elle achète le bois et la colle à ses fournisseurs, elle négocie un délai de paiement. Elle peut donc commencer à travailler les matières premières avant d'avoir payé ses fournisseurs. Le bois, la colle et les chaises produites sont stockés dans un entrepôt qui est surveillé, ce qui engendre un coût. Au cours du processus de production, elle doit payer ses fournisseurs alors que les chaises ne sont pas encore vendues. Elle vend ses chaises à des grands groupes de distribution qui ne la payent pas comptant mais avec des délais. L'entreprise doit donc financer son cycle d'exploitation entre le paiement des fournisseurs et le paiement des clients.

Il est possible qu'une entreprise ait un besoin en fonds de roulement négatif. Cela signifie qu'elle dégage des **ressources en fonds de roulement.**

Par exemple, les entreprises de la grande distribution ont des ressources en fonds de roulement. En effet, elles peuvent négocier des délais avec leurs fournisseurs alors que les clients payent comptant. Donc elles payent les fournisseurs seulement après le paiement des clients. De plus, le niveau des stocks est souvent très faible car elles travaillent en flux tendus.

Pour gérer au mieux son besoin en fonds de roulement, l'entreprise doit être attentive aux délais de règlements clients, aux délais de règlement fournisseurs et à la rotation de ses stocks.

3. Délai de règlement

- **Le délai de règlement fournisseurs**

L'entreprise doit négocier les délais de règlement avec ses fournisseurs les plus longs possibles puisqu'ils constituent une ressource de financement pour elle.

Il est possible de calculer le délai de règlement fournisseurs moyen.

$$\textbf{Délai règlement fournisseurs} = \frac{\text{Dettes fournisseurs}}{\text{Achats TTC}} \times 360 \text{ jours}$$

Rappel : En analyse financière, l'année compte 360 jours, soit 12 mois de 30 jours.

Pour augmenter le délai de règlement des fournisseurs, l'entreprise doit apporter des garanties de solvabilité. Dans les relations entre entreprises, les fournisseurs effectuent une analyse financière des clients potentiels avant de leur accorder des délais de paiement.

- **Le délai de règlement clients**

À l'inverse, l'entreprise doit négocier les délais de règlement clients les plus courts puisqu'ils sont sources de besoin de financement.

Il est possible de calculer le délai de règlements clients moyen.

$$\textbf{Délai règlement clients} = \frac{\text{Créances clients}}{\text{Ventes TTC}} \times 360 \text{ jours}$$

ATTENTION

Les postes de créances clients et de dettes fournisseurs sont exprimés en TTC. Il est donc nécessaire de considérer les achats et les ventes en TTC.

Tout retard de paiement d'un client augmente le BFR. Si le délai moyen accordé aux clients est trop élevé, l'entreprise peut réduire les délais accordés aux clients, augmenter le niveau des acomptes à la livraison, relancer les clients qui n'ont pas encore payé ou encore passer une provision sur les règlements qu'elle pense ne pas recouvrer.

4. Taux de rotation des stocks

Les stocks font apparaître des besoins de financement. Ce sont des produits qui sont déjà fabriqués, donc qui ont déjà coûté à l'entreprise en main-d'œuvre, en matières premières, en consommations intermédiaires, etc. mais qui ne rapportent encore rien. De plus, le stockage peut coûter cher à l'entreprise : location d'entrepôt, gardiennage, électricité…

Une bonne gestion des stocks impose de réduire le niveau des stocks sans risquer de se retrouver en rupture de stock. Elle peut par exemple, liquider les produits qui ne se vendent plus, faire tourner le plus possible les produits en développant les offres promotionnelles ou encore travailler en flux tendus, c'est-à-dire avec un stock qui correspond uniquement aux commandes en cours.

Il est possible de connaître la durée moyenne de stockage d'un produit, c'est-à-dire le temps qui s'écoule en moyenne entre l'arrivée d'un produit dans un stock après son achat et sa sortie du stock au moment de la vente.

$$\textbf{Ratio de rotation des stocks} = \frac{\text{Coût d'achat}}{\text{Stock moyen}}$$

Avec

$$\text{Stock moyen} = \frac{\text{Stock initial + Stock final}}{2} \;;$$

Coût d'achat = Achat + Variation de stock ;

Variation de stock = Stock final – Stock initial.

Pour connaître en nombre de jours, le temps écoulé, il faut rapporter 360 jours à ce ratio de rotation des stocks.

$$\textbf{Durée de rotation des stocks} = \frac{360}{\text{Ratio rotation des stocks}}$$

Exemple d'une entreprise commerciale :

En N-1, le stock de marchandises est de 1 200 €. En N, son stock est de 1 550 €. Au cours de l'année N, elle a effectué pour 3 000 € d'achats.

$$\begin{aligned}\text{Variation de stock} &= \text{Stock final} - \text{Stock initial}\\ &= 1\,550\text{ €} - 1\,200\text{ €}\\ &= 350\text{ €}\end{aligned}$$

$$\begin{aligned}\text{Coût d'achat} &= \text{Achat} + \text{Variation de stock}\\ &= 3\,000\text{ €} + 350\text{ €}\\ &= 3\,350\text{ €}\end{aligned}$$

$$\begin{aligned}\text{Stock moyen} &= \frac{\text{Stock initial + Stock final}}{2}\\ &= \frac{1\,200\text{ €} + 1\,550\text{ €}}{2}\\ &= 1\,375\text{ €}\end{aligned}$$

$$\text{Ratio de rotation des stocks} = \frac{\text{Coût d'achat}}{\text{Stock moyen}} = \frac{3\,350\ €}{1\,375\ €} = 2{,}44$$

$$\text{Durée de rotation des stocks} = \frac{360}{\text{Ratio rotation des stocks}} = \frac{360}{2{,}44} = 147{,}54\ \text{jours}$$

En moyenne, une marchandise reste 148 jours en stocks, soit près de 5 mois.

Cas pratique

À partir du bilan fonctionnel de la fiche 13, déterminez et interprétez le besoin en fonds de roulement. Calculez ensuite, le délai de règlement clients, le délai de règlement fournisseurs et la durée de rotation des stocks des matières premières. Donnez une interprétation de ces résultats. Remarque : on suppose un taux de TVA à 19,6 %.

Solutions

Besoin en fonds de roulement = Actif circulant – Passif circulant
= 17 900 k€ – 7 289 k€
= 10 611 k€

L'entreprise a un besoin en fonds de roulement de 10 611 k€. Ce montant élevé s'explique par la présence de créances clients très importantes de 13 200 k€. Cette entreprise a intérêt à mieux gérer le règlement de ses clients.

Délai règlement clients (en jours)	**N**	**N-1**
Créances clients (en k€)	13 200	13 650
Ventes HT (en k€)	60 000	57 000
Ventes TTC (en k€)	71 760	68 172
Délai règlement clients	**66**	**72**

Délai règlement fournisseurs (en jours)	**N**	**N-1**
Dettes fournisseurs (en k€)	6 089	6 280
Achats HT (en k€)	29 700	27 000
= Achats matières premières + Autres achats	*= 21 000 + 8 700*	*= 19 000 + 8 000*
Achats TTC (en k€)	35 521	32 292
Délai règlement fournisseurs	**62**	**70**

En moyenne, l'entreprise accorde un délai de paiement de 66 jours à ses clients, soit plus de deux mois. À l'opposé, elle a négocié des délais avec ses fournisseurs de 62 jours. Elle n'a donc pas réussi à obtenir un décalage temporel de paiement en sa faveur de la part de ses fournisseurs.

Délai de rotation des stocks (en jours)	**N**
Stock initial (en k€)	3 600
Stock final (en k€)	3 200
Stock moyen (en k€)	**3 400**
Achat (en k€)	21 000
Variation de stock (en k€)	800
Coût d'achat (en k€)	**21 800**
Ratio de rotation des stocks	6,41
Délai de rotation des stocks	**56**

En moyenne, les matières premières restent 56 jours en stock, soit un peu moins de deux mois. Ce résultat peut être mis en relation avec le délai de règlement fournisseurs. L'entreprise conserve ses matières premières 56 jours en stock avant de les transformer et règle ses fournisseurs peu de temps après l'utilisation de ces matières premières.

Si l'entreprise veut améliorer son BFR, elle doit porter une attention particulière sur le délai de règlement de ses clients et fournisseurs ainsi que sur le temps inutile de stockage de ses matières premières.

La trésorerie

Fiche 16

Objectifs	Savoir calculer et interpréter une trésorerie.
Pré-requis	Fiches 1, 2, 4, 13, 14 et 15.
Mots-clés	Trésorerie active, trésorerie passive, équilibre fonctionnel.

1. Définition

La trésorerie est la différence entre la trésorerie active et la trésorerie passive.

Trésorerie = Trésorerie active – Trésorerie passive
= Disponibilités + Valeurs mobilières – Découverts

Les disponibilités sont le solde positif du compte en banque de l'entreprise.

Les valeurs mobilières sont les actions et les obligations que l'entreprise détient.

Les découverts sont les crédits de trésorerie que l'entreprise a réussi à négocier avec sa banque.

Remarque :

- Une action est une part d'un capital d'une société. C'est un titre de propriété négociable. Si l'entreprise est cotée en bourse, cette action peut se vendre ou s'acheter sur les marchés financiers. La rémunération d'une action est le dividende.
- Une obligation est une part d'un emprunt émis par une entreprise. C'est un titre de créance de long terme négociable sur les marchés financiers. La rémunération d'une obligation est le coupon d'intérêt.

La trésorerie s'obtient aussi en faisant la différence entre le fonds de roulement et le besoin en fonds de roulement.

Trésorerie = Fonds de roulement – Besoin en fonds de roulement

2. Interprétation

Le fonds de roulement doit être suffisamment important pour financer le besoin en fonds de roulement et **dégager une trésorerie**. La trésorerie est alors positive. Dans ce cas, la situation financière de l'entreprise est saine.

Si la trésorerie est négative, cela peut provenir d'une insuffisance en fonds de roulement. Les ressources stables sont déjà trop faibles pour financer les investissements. Elles ne couvrent pas non plus l'exploitation courante.

Dans le cas d'un fonds de roulement positif, cela signifie qu'il est insuffisant pour financer l'exploitation courante. L'entreprise doit alors faire appel à des emprunts de court terme (découverts) pour financer son exploitation, notamment ses dettes fournisseurs.

Une trésorerie doit être assez importante pour faire face aux aléas de la vie courante tels que les retards de paiement des clients, les retards de livraison de matières premières, etc. mais elle ne doit pas être trop importante puisque ce sont des fonds qui ne sont pas productifs. Une entreprise qui a une trésorerie très élevée peut par exemple en profiter pour investir.

Il est important qu'une entreprise gère sa trésorerie. Cela revient à s'intéresser au fonds de roulement et au besoin en fonds de roulement.

3. L'équilibre fonctionnel

La relation entre le fonds de roulement, le besoin en fonds de roulement et la trésorerie peut s'exprimer sous forme du schéma 9.

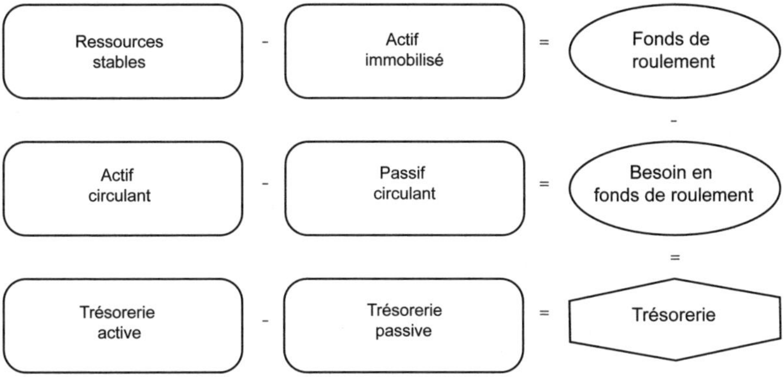

Schéma 9. L'équilibre fonctionnel

Cas pratique

À partir du bilan fonctionnel de la fiche 13, déterminez et interprétez la trésorerie de l'entreprise.

Représentez l'ensemble des résultats obtenus des fiches 14, 15 et 16 sous la forme du schéma de l'équilibre fonctionnel.

Solutions

Trésorerie = Trésorerie active – Trésorerie passive

= 1 290 k€ – 0 k€

= 1 290 k€

ou

Trésorerie = Fonds de roulement – Besoin en fonds de roulement

= 11 901 k€ – 10 611 k€

= 1 290 k€

La trésorerie est positive de 1 290 k€. Cela signifie que l'entreprise réussit à dégager un fonds de roulement suffisant pour financer le besoin en fonds de roulement et dégager une trésorerie.

Cette trésorerie est entièrement composée de disponibilités. L'entreprise n'a pas besoin de découvert à la banque. C'est une situation saine.

La bonne santé financière de l'entreprise se retrouve dans son équilibre fonctionnel :

Ressources stables		***Emplois stables***		***Fonds de roulement***
36 701 k€	–	*24 800 k€*	=	*11 901 k€* –
Actif circulant *17 900 k€*	–	*Passif circulant* *7 289 k€*	=	*Besoin en fonds de roulement* *10 611 k€* =
Trésorerie active *1 290 k€*	–	*Trésorerie passive* *0 k€*	=	*Trésorerie* *1 290 k€*

Exercice récapitulatif

Parmi les événements suivants, indiquez s'il s'agit d'un signe positif ou d'un signe négatif de la santé financière d'une entreprise.

a. Un BFR négatif

b. Un fonds de roulement négatif

c. Un EBE négatif

d. Un résultat d'exploitation positif mais un résultat avant impôt négatif

e. Une CAF qui augmente

Solutions

Signes positifs : a, e

Signes négatifs : b, c, d

Troisième partie

La politique d'investissement et de financement de l'entreprise

Les investissements

Fiche 17

Objectifs	Appréhender la notion d'investissement.
Pré-requis	Aucun.
Mots-clés	Investissement, politique d'investissement, investissement immatériel, investissement matériel, investissement financier, investissement de remplacement, investissement de capacité, investissement de productivité.

1. La politique d'investissement

L'acquisition d'une immobilisation par une entreprise est un investissement. Une entreprise investit en engageant des fonds pour acheter des immobilisations en vue d'en retirer un bénéfice, c'est sa politique d'investissement.

- **Définition de l'investissement**

La comptabilité définit l'investissement comme « tout bien meuble ou immeuble, corporel ou incorporel, acquis ou créé par l'entreprise, destiné à rester durablement sous la même forme dans l'entreprise ». Ce bien doit rester plus d'un an dans l'entreprise pour être considéré comme une immobilisation.

- **Définition de la politique d'investissement**

Investir demande un effort financier à une entreprise. Avant tout investissement, l'entreprise doit déterminer le mode de financement de cet investissement et le retour sur investissement qu'elle espère. L'entreprise investit uniquement si elle anticipe que le retour sur investissement est supérieur au coût de cet investissement.

- **Les déterminants d'une politique d'investissement**

Les entreprises ont besoin d'investir pour différentes raisons :

- **Pour augmenter la capacité de production** : quand une entreprise anticipe une augmentation de la demande de ses produits, elle doit augmenter sa capacité de production. Pour cela, elle investit dans de nouvelles machines, de nouveaux locaux…

  Exemple : Une entreprise qui produit des chaises utilise une machine pour couper le bois. Si elle utilise déjà cette machine au maximum et que son carnet de commandes augmente, elle doit investir dans une nouvelle machine pour faire face à l'augmentation de la demande.

- **Pour s'adapter à la demande** : une entreprise doit toujours suivre l'évolution de sa demande. Elle s'intéresse au volume de la demande, mais aussi à la nature de la demande. Si la demande se modifie au cours du temps, elle doit adapter son processus de fabrication à cette demande et investir en fonction.

  Exemple : Une entreprise qui fabrique des chaussures utilise une machine pour découper le cuir. Elle observe que la demande se porte de plus en plus sur les bottes. Elle doit alors investir dans une nouvelle machine pour fabriquer des bottes.

- **Pour augmenter le profit.** Une entreprise prend la décision d'investir pour augmenter son profit. Elle anticipe que l'investissement aura des effets positifs sur son chiffre d'affaires et ensuite sur son bénéfice. L'entreprise doit aussi prendre en compte le décalage temporel. Un investissement peut mettre plusieurs années avant de devenir rentable, c'est-à-dire que le retour sur investissement est supérieur à son coût de financement.

Deux autres facteurs influencent une entreprise dans sa décision d'investir :

- les **subventions** versées par les administrations publiques. Ces subventions permettent de réduire le coût de financement de l'investissement ;
- les **taux d'intérêt faibles**. Si une entreprise a besoin d'emprunter pour financer un investissement, elle sera d'autant plus encouragée à investir que les taux d'intérêts seront faibles. Le montant global du coût de financement est alors réduit.

2. Les différents investissements

De même que les immobilisations se distinguent selon leurs natures, on peut aussi distinguer plusieurs types d'investissements.

• L'investissement immatériel

L'investissement immatériel correspond à l'acquisition de biens incorporels, c'est-à-dire qu'on ne peut pas toucher.

Ce sont :

- les frais de recherche ;
- les logiciels ;
- l'achat de brevets ou de licences ;
- le fonds de commerce...

→ L'investissement immatériel se retrouve dans les premières lignes de l'actif du bilan.

• L'investissement matériel

L'investissement matériel correspond à l'acquisition de biens corporels, que l'on peut toucher.

Ce sont :

- les terrains ;
- les constructions ;
- le matériel industriel (machines...) ;
- le matériel de bureau (bureaux, chaises, armoires...) ;
- le matériel informatique (ordinateurs, imprimantes...)...

→ L'investissement matériel est noté dans la deuxième partie des immobilisations à l'actif du bilan.

• L'investissement financier

L'investissement financier correspond à l'acquisition de titres financiers dans le cadre d'une stratégie de long terme visant à détenir un pouvoir de décision dans les entreprises concernées.

Ce sont :

- les titres d'une société ;
- les prêts accordés à une société...

ATTENTION

Ne pas confondre les investissements financiers qui ont pour but de contrôler une partie d'une entreprise et les valeurs mobilières qui n'ont comme but qu'une recherche de plus-value à court terme et qui sont considérées comme de la trésorerie.

→ L'investissement financier correspond à la dernière partie des immobilisations dans l'actif d'un bilan.

3. La nature des investissements

Il est possible de classer les investissements selon leurs objectifs.

- **L'investissement de remplacement**

Un investissement de remplacement est destiné à remplacer les équipements obsolètes ou usés.

Exemple : Une entreprise achète une imprimante pour remplacer une ancienne imprimante.

- **L'investissement de capacité**

Un investissement de capacité a pour but d'augmenter la capacité de production d'une entreprise.

Exemple : Une entreprise achète une nouvelle machine pour augmenter le volume de production.

- **L'investissement de productivité**

Un investissement de productivité est destiné à obtenir des gains de productivité, c'est-à-dire qui permet de produire le même volume mais à moindre coût ou produire un volume plus important au même coût.

Exemple : Une entreprise investit dans une machine plus performante et plus rapide.

Dans la réalité, un investissement remplit souvent plusieurs de ces fonctions en même temps.

Exemple : Une entreprise remplace une machine obsolète par une machine plus performante. Il s'agit d'un investissement de remplacement mais aussi de productivité.

Cas pratique

Pour chacun des investissements suivants, déterminez s'il s'agit d'un investissement matériel, immatériel ou financier et d'un investissement de remplacement, de capacité ou de productivité.

a. Une fabrique de chaises achète la dernière version d'un logiciel de paie.

b. Une fabrique de chaises achète une nouvelle machine pour découper le bois.

c. Une entreprise acquiert 49 % du capital d'un de ses concurrents.

d. Une entreprise achète un bureau pour remplacer le bureau de son directeur financier.

e. Une entreprise acquiert un brevet qui lui permet de fabriquer un nouveau produit.

Solutions

Investissements matériels : b, d

Investissements immatériels : a, e

Investissements financiers : c

Investissements de remplacement : d

Investissements de capacité : b, e

Investissements de productivité : a

Le financement des investissements

Fiche **18**

Objectifs	Appréhender les différentes formes de financement des investissements.
Pré-requis	Notions sur les marchés financiers.
Mots-clés	Financement des investissements, augmentation de capital, emprunt bancaire, effet de levier, effet de massue, taux d'endettement, taux de rentabilité financière.

Investir, c'est engager des fonds pour acquérir des nouvelles immobilisations dans le but d'en retirer un profit. L'entreprise doit trouver ces fonds. Si l'entreprise en a la possibilité, elle peut financer ses investissements avec sa capacité d'autofinancement. C'est le financement interne.

Elle peut aussi faire appel à un financement externe, principalement l'augmentation de capital et l'emprunt.

Remarque :

- Une action est une part d'un capital d'une société. C'est un titre de propriété négociable. Si l'entreprise est cotée en bourse, cette action peut se vendre ou s'acheter sur les marchés financiers. La rémunération d'une action est le dividende.
- Une obligation est une part d'un emprunt émis par une entreprise. C'est un titre de créance de long terme négociable sur les marchés financiers. La rémunération d'une obligation est le coupon d'intérêt.

1. L'augmentation de capital

Le capital social d'une entreprise est détenu par les actionnaires. Pour trouver de nouveaux financements, elle peut procéder à une augmentation de ce capital. Plusieurs moyens s'offrent à elle.

- **Augmentation de capital réservée aux anciens actionnaires**

L'entreprise veut augmenter ses capacités de financement mais conserver la structure de son actionnariat. Elle ne veut pas que d'autres personnes entrent dans son capital. Elle va alors demander à chacun des actionnaires d'acheter de nouvelles actions au *prorata* de leurs participations dans le capital afin que la structure du capital ne soit pas modifiée.

→ Cette technique est particulièrement utilisée dans les entreprises familiales qui ne veulent pas que des personnes extérieures entrent dans le capital de la société.

- **Augmentation de capital avec appel à de nouveaux actionnaires**

L'entreprise a besoin de trouver de nouvelles sources de financement, donc de nouveaux actionnaires. Elle émet de nouvelles actions. Cela a pour conséquence une modification de l'actionnariat de la société.

→ Cette technique est souvent utilisée pour les introductions en bourse. L'entreprise s'introduit en bourse pour lever de nouveaux fonds et financer son développement.

- **Augmentation de capital par apport en nature**

Il est possible d'entrer dans le capital d'une société en apportant des immobilisations corporelles ou incorporelles. L'augmentation de capital qui en résulte n'est alors que la compensation financière de ces apports.

Exemple : Un nouveau partenaire apporte un brevet qui permet à l'entreprise de lancer une nouvelle production.

2. L'emprunt

L'entreprise peut s'adresser à une banque pour obtenir le financement dont elle a besoin. Elle négocie le montant de cet emprunt et le taux d'intérêt en fonction de la durée.

L'emprunt bancaire est une solution de financement très répandue. Pour l'obtenir, l'entreprise doit donner des garanties de sa solvabilité. La banque va procéder à une analyse financière de l'entreprise avant de prendre une décision.

L'emprunt bancaire peut permettre à l'entreprise de bénéficier d'un effet de levier positif. Mais il a pour conséquence d'augmenter son taux d'endettement et donc sa dépendance financière vis-à-vis d'organismes extérieurs.

Le taux d'endettement d'une entreprise représente la part de la dette financière dans les capitaux propres.

$$\textbf{Taux d'endettement} = \frac{\text{Dettes financières}}{\text{Capitaux propres}}$$

Rappel : Les capitaux propres comprennent le capital social, les réserves, le report à nouveau, le résultat, les subventions d'investissement et les provisions réglementées.

Le taux d'endettement est un ratio très important pour juger de la santé financière d'une entreprise. Il ne doit pas être trop important, sinon, l'entreprise ne pourra plus s'endetter pour financer de nouveaux investissements et elle sera freinée dans sa politique d'investissement.

Remarque : Une autre possibilité est l'emprunt obligataire.

Les entreprises de taille importante peuvent se procurer des ressources financières sur les marchés financiers en émettant un emprunt obligataire. L'entreprise emprunte alors des fonds à tous les acquéreurs des obligations qu'elle émet. Ces obligations sont négociables sur les marchés financiers.

En contrepartie, l'entreprise doit verser tous les ans, des intérêts sous forme de coupons. À l'échéance de l'emprunt, elle rembourse le capital emprunté à chacun des prêteurs.

3. L'effet de levier

L'effet de levier est la conséquence positive de l'endettement sur la rentabilité des capitaux propres d'une entreprise.

Les apporteurs de capitaux attendent une rémunération de leurs apports, donc que l'entreprise dégage une certaine rentabilité. S'ils acceptent que l'entreprise s'endette, c'est pour qu'elle dégage une rentabilité supérieure. L'endettement doit donc avoir un effet positif sur la rentabilité de l'entreprise, c'est l'effet de levier.

→ Un effet de levier positif consiste en une augmentation de la rentabilité financière par l'endettement.

La rentabilité financière est le rapport entre le résultat net de la société et ses capitaux propres.

$$\textbf{Taux de rentabilité financière} = \frac{\text{Résultat net}}{\text{Capitaux propres}}$$

Il est plus simple de comprendre le mécanisme de l'effet de levier à travers un exemple.

Exemple : Dans cet exemple simplifié, le résultat d'exploitation correspond au retour sur investissement et le résultat net est la différence entre ce résultat d'exploitation et les charges d'intérêt.

Une entreprise doit financer un investissement de 1 000 €. Elle attend un retour sur investissement de 200 €.

Cas 1 : Elle finance l'investissement sur ses capitaux propres qui s'élèvent à 2 000 €.

Capitaux propres : 2 000 €

Emprunt : 0 €

Résultat d'exploitation : 200 €

Intérêt de la dette : 0 €

Résultat net : 200 €

$$\text{Taux de rentabilité financière} = \frac{200\ €}{2\,000\ €} = 0{,}10 = 10\ \%$$

Cas 2 : Ses capitaux propres ne sont que de 1 000 €. Elle décide de financer l'investissement par un emprunt de 1 000 € avec un taux d'intérêt de 5 %.

Capitaux propres : 1 000 €

Emprunt : 1 000 €

Résultat d'exploitation : 200 €

Intérêt de la dette : 50 €

Résultat net : 150 €

Taux de rentabilité financière = $\frac{150\text{ €}}{1000\text{ €}}$ = 0,15 = 15 %

Le taux de rentabilité financière est plus élevé quand l'entreprise décide d'emprunter pour financer ses investissements.

Si l'effet de levier est positif, alors s'endetter permet à une entreprise de s'enrichir. Cela explique pourquoi les entreprises ont recours à l'emprunt alors qu'elles ont la capacité de financer les investissements sur leurs fonds propres.

ATTENTION

Si l'effet de levier est trop important, cela signifie que les capitaux propres sont trop faibles par rapport à l'endettement. Dans ce cas, c'est la solvabilité de l'entreprise qui est en jeu.

Si le taux d'intérêt de l'emprunt est trop élevé, alors l'effet de levier peut devenir négatif. Dans ce cas, l'endettement a pour effet de diminuer la rentabilité financière. Cela s'appelle **l'effet de massue.**

Cas pratique

À partir du bilan donné en exemple dans les annexes de cet ouvrage, calculez le taux d'endettement et le taux de rentabilité financière de l'entreprise pour les deux années et interprétez les résultats.

Solutions

Calcul du taux d'endettement (en k€)	N	N-1
Dettes financières	**13 261**	**11 200**
Capital social	14 000	14 000
Réserves	1 400	1 400
Report à nouveau	738	1 450
Résultat	2 390	738
Subventions d'investissement	3 400	3 200
Capitaux propres	**21 928**	**20 788**
Taux d'endettement	**60,5 %**	**53,9 %**

L'endettement de l'entreprise s'est alourdi de 6,6 points. Elle subit désormais un taux d'endettement de 60,5 %. Cette entreprise a préféré augmenter ses emprunts bancaires au lieu de renforcer ses capitaux propres

Calcul du taux de rentabilité financière (en k€)	N	N-1
Résultat net	**2 390**	**738**
Capital social	14 000	14 000
Réserves	1 400	1 400
Report à nouveau	738	1 450
Résultat	2 390	738
Subventions d'investissement	3 400	3 200
Capitaux propres	**21 928**	**20 788**
Taux de rentabilité financière	**10,9 %**	**3,6 %**

L'entreprise a réussi à augmenter son taux de rentabilité financière de plus de 6 points grâce à une amélioration de son résultat net. Elle atteint désormais un taux de rentabilité financière intéressant de 10.9 %. L'entreprise bénéficie d'un effet de levier.

Fiche
19

Le bilan financier

Objectifs	Appréhender le bilan financier et les principaux ratios.
Pré-requis	Fiches précédentes.
Mots-clés	Bilan financier, liquidité, exigibilité, ratio d'indépendance financière, ratio de solvabilité, taux de rentabilité des capitaux propres, taux de rendement financier.

1. Définition

Le bilan financier est établi à partir du bilan comptable. Comme pour le bilan fonctionnel, il s'agit d'organiser les éléments d'une façon différente. Cette fois, ils sont classés selon leur liquidité et leur exigibilité.

- **La liquidité** d'un actif est sa capacité à être transformé en monnaie.

  Exemple : Une action est un actif liquide, car le vendre sur un marché financier est rapide. À l'inverse, un immeuble est un actif non liquide, car le vendre sur le marché de l'immobilier est moins rapide.

- **L'exigibilité** d'un actif est sa capacité à être accepté par un créancier comme paiement de son dû.

  Exemple : Il est possible de rembourser un créancier avec ses disponibilités sur son compte courant. Les disponibilités ont donc une forte exigibilité. À l'inverse, il n'est pas possible de payer un créancier avec un immeuble. L'immeuble a donc une très faible exigibilité.

Le bilan financier est utilisé pour évaluer **le risque financier** d'une entreprise. Avant d'accorder un prêt à une entreprise, les banques examinent attentivement le bilan financier et en tirent des ratios.

2. Composition

Le bilan financier ordonne les éléments du moins liquide et exigible au plus liquide et exigible. La liquidité et l'exigibilité s'accroissent en descendant.

Actif	Passif
Actif à + d'un an	**Capitaux permanents**
Actif immatériel	Capitaux propres
Actif matériel	Dettes à + d'un an
Actif financier	
Actif à - d'un an	**Dettes à - d'un an**
Stocks	Dividendes
Créances clients	Dettes fournisseurs
	Dettes sociales
	Découverts
Valeurs mobilières de placement	
Disponibilités	
Total actif	**Total passif**

À NOTER

Comme dans tout bilan, le montant de l'actif égale le montant du passif.

Les éléments d'actif sont considérés pour leur valeur réelle, c'est-à-dire leur valeur en cas de vente immédiate. Donc pour les immobilisations, c'est la valeur nette comptable qui est prise en compte.

Les éléments du passif sont considérés après la redistribution du bénéfice. Le bénéfice net de l'année est donc comptabilisé soit en réserve s'il est conservé par l'entreprise, soit dans les dettes à moins d'un an s'il est redistribué sous forme de dividendes. Les dividendes sont versés dans l'année suivant l'établissement d'un bilan, ce sont donc des dettes à moins d'un an.

Le bilan financier prend en compte les **capitaux permanents** d'une entreprise, c'est-à-dire ses capitaux propres ainsi que ses dettes à long terme.

Capitaux permanents = Capitaux propres + Dettes financières long terme

Il n'existe aucune réglementation pour l'établissement d'un bilan financier.

Il s'agit de **règles d'usage**. C'est l'analyste qui établit ce document qui en décide les règles en fonction de la situation d'une entreprise. Ainsi des ajustements sont possibles.

Par exemple, il est possible de considérer les provisions pour dépréciation de créances clients comme des éléments d'actif à plus d'un an si le recouvrement de ces créances dans l'année qui suit est incertaine.

3. Les principaux ratios

Les ratios sont calculés à partir du bilan financier. Ils donnent des indications sur la santé financière d'une entreprise.

ATTENTION

Aucune réglementation n'est imposée. L'analyse financière consiste à déterminer les ratios les plus pertinents pour l'entreprise considérée. Cette fiche présente les trois ratios les plus utilisés mais des formules de calcul différentes peuvent être aussi acceptées et d'autres ratios peuvent être calculés.

• L'indépendance financière

L'indépendance financière mesure l'endettement d'une entreprise. Ce ratio se rapproche du taux d'endettement.

$$\textbf{Ratio d'indépendance financière} = \frac{\text{Capitaux propres}}{\text{Capitaux permanents}}$$

Il indique la part des capitaux appartenant à l'entreprise dans ses capitaux permanents. Une entreprise peut être considérée comme indépendante financièrement si ce ratio est supérieur à 0,6.

- **La rentabilité des apports**

Les apporteurs de capitaux propres attendent une rentabilité de leurs apports. La rentabilité des apports est un ratio mis en avant pour attirer de nouveaux partenaires. Il est exprimé sous forme de taux.

$$\textbf{Taux de rentabilité des apports} = \frac{\text{Résultat net}}{\text{Capital social}}$$

Il est aussi possible de calculer le rendement financier d'une entreprise qui prend en compte uniquement les dividendes versés.

$$\textbf{Taux de rendement financier} = \frac{\text{Dividendes}}{\text{Capital social}}$$

Il indique aux actionnaires la part de dividende qu'ils peuvent attendre.

Exemple : Le taux de rendement financier d'une entreprise est de 8 %. Cela signifie que pour 100 euros investis dans l'entreprise, l'actionnaire peut attendre un dividende de 8 euros.

- **La solvabilité**

La solvabilité d'une entreprise est sa capacité à faire face à ses dettes.

$$\textbf{Ratio de solvabilité} = \frac{\text{Actif total}}{\text{Total des dettes}}$$

Une entreprise est considérée comme solvable si elle présente un ratio de solvabilité supérieur à 3.

Un ratio de solvabilité de 3 signifie que l'actif est au moins trois fois supérieur à ses dettes ou encore que les dettes ne financent qu'un tiers de l'actif.

Remarque : Il 'agit de l'actif total du bilan comptable.

Cas pratique

À partir du bilan et du compte de résultat donnés en exemple et dans les annexes de cet ouvrage, calculez, pour l'année N, le ratio d'indépendance financière, le taux de rentabilité des apports et le ratio de solvabilité de l'entreprise. Interprétez ces résultats.

Solutions

Ratio d'indépendance financière $= \dfrac{\text{Capitaux propres}}{\text{Capitaux permanents}}$

$= \dfrac{21\,928}{21\,928 + 13\,261}$

$= \dfrac{21\,928}{35\,189}$

$= 0{,}62\ \%$

L'entreprise peut être considérée comme indépendante financièrement. Mais elle a atteint la limite. Elle ne pourra plus augmenter ses emprunts auprès des banques.

Taux de rentabilité des apports $= \dfrac{\text{Résultat net}}{\text{Capital social}}$

$= \dfrac{2\,390\ €}{14\,000\ €}$

$= 17{,}1\ \%$

L'entreprise réussit à obtenir un taux de rentabilité des apports très intéressant de 17,1 %. C'est un argument qu'elle peut mettre en avant si elle recherche de nouveaux apporteurs de capitaux.

Ratio de solvabilité $= \dfrac{\text{Actif total}}{\text{Total des dettes financières}}$

$= \dfrac{43\,228\ €}{13\,261\ €}$

$= 3{,}3$

L'entreprise est solvable. Ses dettes ne représentent qu'un tiers de son actif total.

Le tableau de financement

Fiche **20**

Objectifs	Appréhender le tableau de financement et son utilité.
Pré-requis	Fiches précédentes.
Mots-clés	Tableau emplois-ressources, politique de dividendes, politique d'investissement, politique de financement.

1. Définition

Le tableau de financement indique la variation des emplois et des ressources d'une entreprise. Il fait la jonction entre deux bilans comptables en présentant comment les ressources dégagées ont été utilisées.

Remarque : Il est aussi appelé tableau emplois-ressources.

Les emplois sont les utilisations des ressources obtenues dans l'année. Les ressources ont différentes origines.

→ **Le tableau de financement résume la politique d'investissement, la politique de financement et la politique de dividendes de l'entreprise.**

2. Composition

- **Les ressources**

La première ressource d'une entreprise est sa capacité d'autofinancement.

Au cours de l'exercice, l'entreprise peut obtenir de nouvelles ressources de différentes façons :

- en vendant des immobilisations, c'est sa politique d'investissement ;

- en augmentant ses capitaux propres, c'est sa politique de financement ;
- en augmentant ses emprunts auprès des banques, c'est sa politique de financement.

• Les emplois

La première utilisation des ressources d'une entreprise est le versement des dividendes. Ils sont versés dans l'année qui suit l'établissement d'un bilan comptable.

Au cours de l'exercice, l'entreprise utilise ces ressources de deux principales manières :

- en achetant des immobilisations, c'est sa politique d'investissement ;
- en remboursement ses emprunts, c'est sa politique de financement.

La variation du fonds de roulement d'une année sur l'autre explique la différence entre les variations d'emplois et les variations de ressources.

Emplois	Ressources
Dividendes	Capacité d'autofinancement
Acquisitions d'immobilisations incorporelles	Cessions d'immobilisations incorporelles
Acquisitions d'immobilisations corporelles	Cessions d'immobilisations corporelles
Acquisitions d'immobilisations financières	Cessions d'immobilisations financières
Réductions des capitaux propres	Augmentation des capitaux propres
Remboursement des dettes financières	Augmentation des dettes financières
Variation du fonds de roulement	Variation du fonds de roulement
Total des emplois	**Total des ressources**

3. La politique de dividendes

Quand une entreprise dégage des **bénéfices**, plusieurs possibilités s'offrent à elle :

- elle peut **redistribuer** l'intégralité de ces bénéfices sous formes de dividendes à ses actionnaires. Chaque actionnaire reçoit alors une partie de ces bénéfices à hauteur de sa participation dans le capital social de l'entreprise ;
- elle peut **conserver** l'intégralité de ces bénéfices et financer ainsi sa politique d'investissement ;
- elle peut accorder une partie des bénéfices aux actionnaires sous forme de dividendes et conserver l'autre partie de cette somme pour son financement interne.

L'entreprise doit donc effectuer un **arbitrage** entre sa politique de rémunération des actionnaires et sa politique d'investissement. Si elle favorise trop les actionnaires, elle devra faire appel à l'endettement pour financer sa politique d'investissement et risque alors de mettre à mal sa solvabilité. Si elle ne favorise pas assez les actionnaires, elle prend le risque de voir les actionnaires la quitter pour une entreprise plus rentable.

Cas pratique
À partir de tous les cas pratiques précédents, formulez un avis général sur la santé financière de l'entreprise.

Solutions

L'entreprise présentée dans l'exemple est une entreprise industrielle. Entre les deux exercices, elle enregistre une hausse du chiffre d'affaires de 5,26 %. L'exploitation de son activité est rentable. Elle dégage un excédent brut d'exploitation qui représente 9,2 % de son chiffre d'affaires. Cela lui permet de faire face à des charges financières élevées, 2 500 k€ par an. Près de la moitié de cet excédent est consacrée au paiement des intérêts de sa dette.

L'entreprise réussit à dégager une capacité d'autofinancement positive. Cela représente l'épargne de l'entreprise qu'elle peut alors consacrer à ses futurs investissements ou à la rémunération de ses actionnaires. Au final, le bénéfice de l'entreprise est de 2 390 k€.

L'entreprise est en phase d'investissement. Entre les deux années, elle a acquis des biens immobiliers et des machines. Pour financer ces investissements, elle s'est tournée vers les banques. La structure financière de l'entreprise reste saine mais elle doit faire attention au montant de sa dette financière. En effet, le montant de son emprunt bancaire est pratiquement aussi élevé que son capital social. Elle a atteint un taux d'endettement limite de 60,9 %. Cela signifie qu'elle ne peut plus faire appel à des emprunts bancaires pour financer des investissements futurs. L'entreprise a préféré augmenter son taux de rentabilité financière. Elle semble favoriser ses actionnaires, au détriment de sa stabilité financière. Pour l'année N, cette stabilité financière est encore saine, mais cette entreprise devra conserver son résultat et ne pas distribuer des dividendes pour la conserver.

L'entreprise pourrait améliorer son BFR. Le montant des créances clients est très élevé, 13 200 k€. Les clients règlent en moyenne 66 jours après les achats. En comparaison, le délai de paiement des fournisseurs, de 62 jours, est alors trop faible. L'entreprise peut mettre en place des actions pour faire diminuer le montant des créances clients. De plus, elle conserve pendant plus de 56 jours ses matières premières avant de commencer à les utiliser, ce qui implique des coûts trop importants.

Annexes

- Les principales formules
- Exemple de compte de résultat
- Exemple de bilan
- Liasse fiscale vide

Les principales formules

- Taux de variation = $\dfrac{\text{Valeur finale} - \text{Valeur initiale}}{\text{Valeur initiale}}$

- Chiffre d'affaires = Volume x Prix unitaire

- Marge commerciale = Ventes de marchandises – Achats de marchandises ± Variation de stocks

- Taux de marge commerciale = $\dfrac{\text{Marge commerciale}}{\text{Ventes de marchandises}}$

- Chiffre d'affaires (pour les entreprises productives) = Production totale

- Chiffre d'affaires (pour les entreprises mixtes) = Marge commerciale + Production totale

- Valeur ajoutée = Production – Consommations intermédiaires

- Taux de valeur ajoutée = $\dfrac{\text{Valeur ajoutée}}{\text{Chiffre d'affaires}}$

- Taux d'EBE = $\dfrac{\text{EBE}}{\text{Chiffre d'affaires}}$

- Taux de CAF = $\dfrac{\text{CAF}}{\text{Chiffre d'affaires}}$

- Autofinancement = CAF – Dividendes versés

- RSP = $\dfrac{R - 5\,\% \times CP}{2} \times \dfrac{S}{VA}$

- Taux de résultat = $\dfrac{\text{Résultat}}{\text{Chiffre d'affaires}}$

- Fonds de roulement = Ressources stables – Emplois stables

- Besoin en fonds de roulement = Actif circulant – Passif circulant
= Créances d'exploitation + Stocks – Dettes d'exploitation

- Délai règlement fournisseurs = $\frac{\text{Dettes fournisseurs}}{\text{Achats TTC}} \times 360$ jours

- Délai règlement clients = $\frac{\text{Créances clients}}{\text{Ventes TTC}} \times 360$ jours

- Ratio de rotation des stocks = $\frac{\text{Coût d'achat}}{\text{Stock moyen}}$

- Stock moyen = $\frac{\text{Stock initial + Stock final}}{2}$

- Coût d'achat = Achat + Variation de stock

- Variation de stock = Stock final – Stock initial

- Durée de rotation des stocks = $\frac{360}{\text{Ratio rotation des stocks}}$

- Trésorerie = Trésorerie active – Trésorerie passive
= Disponibilité + Valeurs mobilières – Découverts

- Trésorerie = Fonds de roulement – Besoin en fonds de roulement

- Taux d'endettement = $\frac{\text{Dettes financières}}{\text{Capitaux propres}}$

- Taux de rentabilité financière = $\frac{\text{Résultat net}}{\text{Capitaux propres}}$

- Capitaux propres = Capital social + Réserves + Report à nouveau + Résultat + Provisions réglementées

- Capitaux permanents = Capitaux propres + Dettes financières long terme

- Ratio d'indépendance financière = $\frac{\text{Capitaux propres}}{\text{Capitaux permanents}}$

- Taux de rentabilité des apports = $\frac{\text{Résultat net}}{\text{Capital social}}$

- Taux de rendement financier = $\frac{\text{Dividendes}}{\text{Capital social}}$

- Ratio de solvabilité = $\frac{\text{Actif total}}{\text{Total des dettes}}$

Exemple de compte de résultat

Formulaire obligatoire (article 53A du Code général des impôts).

3

COMPTE DE RÉSULTAT DE L'EXERCICE

(En liste)

1

N° 10167 * 05

D.G.I. N° 2052

Désignation de l'entreprise : Exemple 1

		Exercice N – France		Exercice N – Exportations et livraisons intracommunautaires		Exercice N – Total		Exercice N-1
PRODUITS D'EXPLOITATION	Ventes de marchandises*	FA		FB		FC		
	Production vendue biens*	FD	60 000	FE		FF	60 000	57 000
	Production vendue services*	FG		FH		FI		
	Chiffre d'affaires nets*	FJ	60 000	FK		FL	60 000	57 000
	Production stockée*					FM	1 000	500
	Production immobilisée*					FN		
	Subvention d'exploitation					FO	500	400
	Reprises sur amortissements et provisions, transfert de charges* (9)					FP	3 500	3 000
	Autres produits (1) (11)					FQ	250	120
	Total des produits d'exploitation (2) (I)					FR	65 250	61 020
	Achats de marchandises (y compris droits de douane)*					FS		
	Variation de stock (marchandises)*					FT		
	Achats de matières premières et autres approvisionnements (y compris droits de douane)*					FU	21 000	19 000
	Variation de stock (matières premières et approvisionnements)*					FV	800	740
	Autres achats et charges externes (3) (6bis)*					FW	8 700	8 000

CHARGES D'EXPLOITATION	Impôts, taxes, versements assimilés*	FX	1 620	1 500
	Salaires et traitements*	FY	17 230	17 000
	Charges sociales (10)	FZ	6 550	6 200
	DOTATIONS D'EXPLOITATION - sur immobilisations : - dotations aux amortissements*	GA	2 200	2 400
	- sur immobilisations : - dotations aux provisions *	GB	1 100	1 200
	- sur actif circulant : dotations aux provisions	GC		
	- Pour risques et charges : dotations aux provisions	GD		
	Autres charges (12)	GE	2 100	1 800
	Total des charges d'exploitation (4) (II)	GF	61 300	57 840
1 - RÉSULTAT D'EXPLOITATION (I - II)		GG	**3 950**	**3 180**
Opérations en commun	Bénéfice attribué ou perte transférée* (III)	GH		
	Perte supportée ou bénéfice transféré* (IV)	GI		
PRODUITS FINANCIERS	Produits financiers de participations (5)	GJ		
	Produits des autres valeurs mobilières et créances de l'actif immobilisé	GK		
	Autres intérêts et produits assimilés (5)	GL	1 110	900
	Reprises sur provisions et transfert de charges	GM		
	Différences positives de change	GN		
	Produits nets sur cessions de valeurs mobilières de placement	GO		
	Total des produits financiers (V)	GP	1 110	900
CHARGES FINANCIERES	Dotations financières aux amortissements et provisions*	GQ		
	Intérêts et charges assimilées (6)	GR	2 500	2 500
	Différence négative de change	GS		
	Charges nettes sur cession de valeurs mobilières de placement	GT		
	Total des charges financières (VI)	GU	2 500	2 500
2 - RÉSULTAT FINANCIER (V - VI)		GV	**-1 390**	**-1 600**
3 - RÉSULTAT COURANT AVANT IMPÔTS (I-II+III-IV +V - VI)		GW	**2 560**	**1 580**

* Des explications concernant cette rubrique sont données dans la notice n° 2032

4

Formulaire obligatoire (article 53A
du Code général des impôts).

hha

1

Compte de résultat (suite)

D.G.I. N° 2053

Désignation de l'entreprise : Exemple 1

			Exercice N	Exercice N-1
PRODUITS EXCEPTIONNELS	Produits exceptionnels sur opérations de gestion	HA	90	70
	Produits exceptionnels sur opérations en capital*	HB		
	Reprises sur provisions et transfert de charges	HC	350	
	Total des produits exceptionnels (7) (VII)	HD	440	70
CHARGES EXCEPTIONNELLES	Charges exceptionnelles sur opérations de gestion (6bis)	HE		
	Charges exceptionnelles sur opérations en capital*	HF		
	Dotations exceptionnelles aux amortissements et provisions	HG		400
	Total des charges exceptionnelles (7) (VIII)	HH		400
4 - RÉSULTAT EXCEPTIONNEL (VII - VIII)		HI	**440**	**-330**
Participation des salariés aux résultats de l'entreprise (IX)		HJ	50	42
Impôts sur les bénéfices* (X)		HK	560	470
TOTAL DES PRODUITS (I+III+V+VII)		HL	**66 800**	**61 990**
TOTAL DES CHARGES (II+IV+VI+VIII+IX+X)		HM	**64 410**	**61 252**
5 - BÉNÉFICE OU PERTE (Total des produits - total des charges)		HN	**2 390**	**738**

RENVOIS				
(1)	Dont produits nets partiels sur opérations à long terme			
(2)	produits de locations immobilières	HY		
	produits d'exploitation afférents à des exercices antérieurs (à détailler au (8) ci-dessous)	1G		
(3)	- crédit-bail mobilier *	HP		
	- crédit-bail immobilier	HQ		
(4)	Dont charges d'exploitation afférentes à des exercices antérieurs (8)	1H		
(5)	Dont produits concernant les entreprises liées	1J		
(6)	Dont intérêts concernant les entreprises liées	IK		
(6bis)	Dont dons faits à des organismes d'intérêt général (art. 238 bis du C.G.I.)	HX		
(9)	Dont transferts de charges	A1		
(10)	Dont cotisations personnelles de l'exploitant (13)	A2		
(11)	Dont redevances pour concessions de brevets, de licences (produits)	A3		
(12)	Dont redevances pour concessions de brevets, de licences (charges)	A4		
(13)	Dont primes et cotisations complémentaires personnelles : facultatives A6 — Obligatoires A9			
(7)	Détail des produits et charges exceptionnels (si ce cadre est insuffisant, joindre un état du même modèle) :		Exercice N — Charges exceptionnelles	Exercice N — Produits exceptionnelles
(8)	Détail des produits et charges sur exercices antérieurs :		Exercice N — Charges antérieures	Exercice N — Produits antérieurs

* Des explications concernant cette rubrique sont données dans la notice n° 2032

Exemple de Bilan

Formulaire obligatoire (article 53A du Code général des impôts).

1

N° 11937*03

BILAN - ACTIF

1

D.G.I. N° 2050

Désignation de l'entreprise : Exemple 1 — Durée de l'exercice exprimée en nombre de mois* : 12

Adresse de l'entreprise : — Durée de l'exercice précédent* : 12

Numéro SIRET* : — Code APE :

Déclaration souscrite en k€				Exercice N, clos le : 31/12/N				31/12/N-1
				Brut		Amortissements, provisions	Net	Net
		Capital souscrit non appelé (I)	AA					
ACTIF IMMOBILISÉ*	IMMOBILISATIONS INCORPORELLES	Frais d'établissement*	AB		AC			
		Frais de recherche et de développement*	AD		AE			
		Concession, brevets et droits similaire	AF		AG			
		Fonds commercial (1)	AH		AI			
		Autres immobilisations incorporelles	AJ		AK			
		Avances et acomptes sur immobilisations incorporelles	AL		AM			
	IMMOBILISATIONS CORPORELLES	Terrains	AN	2 000	AO	450	1 550	1 100
		Constructions	AP	17 000	AQ	1 962	15 038	13 000
		Installations techniques, matériels et outillage industriels	AR	15 800	AS	7 600	8 200	7 000
		Autres immobilisations corporelles	AT		AU			
		Immobilisations en cours	AV		AW			
		Avances et acomptes sur immobilisations corporelles	AX		AY			

	IMMOBILISATIONS FINANCIÈRES	Autres participations						
		Créances rattachées à des participations	BB		BC			
		Autres titres immobilisés	BD		BE			
		Prêts	BF		BG			
		Autres immobilisations financières*	BH		BI			
		TOTAL (II)	BJ	**34 800**	BK	**10 012**	**24 788**	**21 100**
ACTIF CIRCULANT	STOCKS*	Matières premières, approvisionnements	BL	3 700	BM	500	3 200	3 600
		En cours de production de biens	BN	1 000	BO	250	750	250
		En cours de production de services	BP		BQ			
		Produits intermédiaires et finis	BR		BS			
		Marchandises	BT		BU			
		Avances et acomptes versés sur commandes	BV		BW			
	CRÉANCES	Clients et comptes rattachés* (3)	BX	13 200	BY		13 200	13 650
		Autres créances (3)	BZ		CA			
		Capital souscrit et appelé, non versé	CB		CC			
	DIVERS	Valeurs mobilières de placement (dont actions propres)	CD		CE			
		Disponibilités	CF	1 290	CG		1 290	1 200
COMPTES DE RÉGULARISATION		Charges constatées d'avance* (3) (E)	CH		CI			
		TOTAL (III)	CJ	**19 190**	CK	**750**	**18 440**	**18 700**
		Charges à répartir sur plusieurs exercices* **(IV)**	CL					
		Primes de remboursement des obligations **(V)**	CM					
		Écarts de conversion actif* **(VI)**	CN					
		TOTAL GÉNÉRAL (I à VI)	CO	**53 990**	1A	**10 762**	**43 228**	**39 800**
Renvois : (1) Dont droit au bail				(2) Part à moins d'un an	CP		(3) Part à plus d'un an CR	
Clause de réserve de propriété :	immobilisations :			Stocks :			Créances :	

* Des explications concernant cette rubrique sont données dans la notice n° 2032

2

° 11937 * 03
Formulaire obligatoire (article 53A du Code général des impôts).

BILAN - PASSIF avant répartition

D.G.I. N° 2051

1

Désignation de l'entreprise : Exemple 1

	(Ne pas reporter le montant des centimes)*		Exercice N	Exercice N-1
CAPITAUX PROPRES	Capital social ou individuel (1)* (dont versé...)	DA	14 000	14 000
	Primes d'émission, de fusion, d'apports…	DB		
	Écarts de réévaluation (2)* (dont écart d'équivalence EK	DC		
	Réserve légale (3)	DD	1 400	1 400
	Réserves statutaires ou contractuelles	DE		
	Réserves réglementées (3)* (Dont réserve spéciale des provisions pour fluctuations des cours) B1	DF		
	Autres réserves (Dont réserve relative à l'achat d'œuvres originales d'artistes vivants)* EJ	DG		
	Report à nouveau	DH	738	1 450
	RÉSULTAT DE L'EXERCICE (bénéfice ou perte)	DI	2 390	738
	Subvention d'investissement	DJ	3 400	3 200
	Provisions réglementées*	DK		
	TOTAL (I)	DL	**21 928**	**20 788**
Autres fonds propres	Produits des émissions de titres participatifs	DM		
	Avances conditionnées	DN		
	TOTAL (II)	DO		

Provisions pour risques et charges	Provisions pour charges	DQ	250	212
	TOTAL (III)	DR	**750**	**532**
DETTES (4)	Emprunts obligataires convertibles	DS		
	Autres emprunts obligataires	DT		
	Emprunts et dettes auprès des établissements de crédit (5)	DU	13 261	11 200
	Emprunts et dettes financières diverses (Dont emprunts participatifs) EI	DV		
	Avances et acomptes reçus sur commandes en cours	DW		
	Dettes fournisseurs et comptes rattachés	DX	6 089	6 280
	Dettes fiscales et sociales dont IS	DY	1 200	1 000
	Dettes sur immobilisations et comptes rattachés	DZ		
	Autres dettes	EA		
Compte régul.	Produits constatés d'avance (4)	EB		
	TOTAL (IV)	EC	**20 550**	**18 480**
	Écarts de conversion passif* **(V)**	ED		
	TOTAL GÉNÉRAL (I à V)	EE	**43 228**	**39 800**

RENVOIS	(1)	Écart de réévaluation incorporé au capital	1B		
	(2)	Dont Réserve spéciale de réévaluation (1959)	1C		
		Dont Écart de réévaluation libre	1D		
		Dont Réserve de réévaluation (1976)	1E		
	(3)	Dont réserve réglementée des plus-values à long terme*	EF		
	(4)	Dettes et produits constatés d'avance à moins d'un an	EG		
	(5)	Dont concours bancaires courants et soldes créditeurs de banques et CCP	EH		

* Des explications concernant cette rubrique sont données dans la notice n° 2032

Liasse fiscale vide

2050	Bilan Actif
2051	Bilan Passif
2052	Compte de résultat de l'exercice (début)
2053	Compte de résultat de l'exercice (fin)
2054	Immobilisations
2055	Amortissements
2056	Provisions inscrites au Bilan
2057	État des échéances des créances et des dettes à la clôture de l'exercice
2058A	Détermination du résultat fiscal
2058B	Déficits, indemnités pour congés à payer et provisions non déductibles
2058C	Tableau d'affectation du résultat et renseignements divers
2059A	Détermination des plus et moins-values
2059B	Affectation des plus-values à court terme et des plus-values de fusion ou d'apport
2059C	Suivi des moins-values à long terme

N° 10937 ✱ 13
Formulaire obligatoire (article 53 A du code général des impôts).

①

BILAN – ACTIF

DGFiP N° 2050 2011
@internet-DGFiP

Désignation de l'entreprise : ______ Durée de l'exercice exprimée en nombre de mois * |_|_|

Adresse de l'entreprise ______ Durée de l'exercice précédent * |_|_|

Numéro SIRET * |_|_|_|_|_|_|_|_|_|_|_|_|_|_| Néant ☐ *

			Code	Brut 1	Code	Amortissements, provisions 2	Exercice N clos le, Net 3	N - 1 Net 4
		Capital souscrit non appelé (I)	AA					
ACTIF IMMOBILISÉ *	IMMOBILISATIONS INCORPORELLES	Frais d'établissement *	AB		AC			
		Frais de développement *	CX		CQ			
		Concessions, brevets et droits similaires	AF		AG			
		Fonds commercial (1)	AH		AI			
		Autres immobilisations incorporelles	AJ		AK			
		Avances et acomptes sur immobilisations incorporelles	AL		AM			
	IMMOBILISATIONS CORPORELLES	Terrains	AN		AO			
		Constructions	AP		AQ			
		Installations techniques, matériel et outillage industriels	AR		AS			
		Autres immobilisations corporelles	AT		AU			
		Immobilisations en cours	AV		AW			
		Avances et acomptes	AX		AY			
	…S FINANCIÈRES (2)	Participations évaluées selon la méthode de mise en équivalence	CS		CT			
		Autres participations	CU		CV			
		Créances rattachées à des participations	BB		BC			

	IMMOBILISATIONS	Autres titres immobilisés	BD		BE			
		Prêts	BF		BG			
		Autres immobilisations financières *	BH		BI			
		TOTAL (II)	BJ		BK			
ACTIF CIRCULANT	STOCKS *	Matières premières, approvisionnements	BL		BM			
		En cours de production de biens	BN		BO			
		En cours de production de services	BP		BQ			
		Produits intermédiaires et finis	BR		BS			
		Marchandises	BT		BU			
		Avances et acomptes versés sur commandes	BV		BW			
	CRÉANCES	Clients et comptes rattachés (3)*	BX		BY			
		Autres créances (3)	BZ		CA			
		Capital souscrit et appelé, non versé	CB		CC			
	DIVERS	Valeurs mobilières de placement (dont actions propres :............................)	CD		CE			
		Disponibilités	CF		CG			
Comptes de régularisation		Charges constatées d'avance (3)*	CH		CI			
		TOTAL (III)	CJ		CK			
		Frais d'émission d'emprunt à étaler (IV)	CW		(grisé)	(grisé)		
		Primes de remboursement des obligations (V)	CM		(grisé)	(grisé)		
		Écarts de conversion actif * (VI)	CN		(grisé)	(grisé)		
		TOTAL GÉNÉRAL (I à VI)	CO		1A			

Renvois : (1) Dont droit au bail :		(2) Part à moins d'un an des immobilisations financières nettes :	CP		(3) Part à plus d'un an :	CR
Clause de réserve de propriété : *	Immobilisations :	Stocks :			Créances :	

* Des explications concernant cette rubrique sont données dans la notice n° 2032

N° 10938 ✱ 13

Formulaire obligatoire (article 53 A du Code général des impôts)

② **BILAN — PASSIF avant répartition**

DGFiP N° 2051 2011

Désignation de l'entreprise ______ Néant ☐ *

			Exercice N	Exercice N - 1
CAPITAUX PROPRES	Capital social ou individuel (1)* (Dont versé : ....)	DA		
	Primes d'émission, de fusion, d'apport, ...	DB		
	Ecarts de réévaluation (2)* (dont écart d'équivalence EK)	DC		
	Réserve légale (3)	DD		
	Réserves statutaires ou contractuelles	DE		
	Réserves réglementées (3)* (Dont réserve spéciale des provisions pour fluctuation des cours B1)	DF		
	Autres réserves (Dont réserve relative à l'achat d'œuvres originales d'artistes vivants * EJ)	DG		
	Report à nouveau	DH		
	RÉSULTAT DE L'EXERCICE (bénéfice ou perte)	DI		
	Subventions d'investissement	DJ		
	Provisions réglementées *	DK		
	TOTAL (I)	DL		
Autres fonds propres	Produit des émissions de titres participatifs	DM		
	Avances conditionnées	DN		
	TOTAL (II)	DO		
Provisions pour risques et charges	Provisions pour risques	DP		
	Provisions pour charges	DQ		
	TOTAL (III)	DR		

DETTES (4)		Emprunts obligataires convertibles	DS		
		Autres emprunts obligataires	DT		
		Emprunts et dettes auprès des établissements de crédit (5)	DU		
		Emprunts et dettes financières divers (Dont emprunts participatifs EI)	DV		
		Avances et acomptes reçus sur commandes en cours	DW		
		Dettes fournisseurs et comptes rattachés	DX		
		Dettes fiscales et sociales	DY		
		Dettes sur immobilisations et comptes rattachés	DZ		
		Autres dettes	EA		
Compte régul.		Produits constatés d'avance (4)	EB		
		TOTAL (IV)	EC		
		Ecarts de conversion passif * **(V)**	ED		
		TOTAL GÉNÉRAL (I à V)	EE		
RENVOIS	(1)	Écart de réévaluation incorporé au capital	1B		
	(2)	Dont { Réserve spéciale de réévaluation (1959)	1C		
		Dont { Écart de réévaluation libre	1D		
		Dont { Réserve de réévaluation (1976)	1E		
	(3)	Dont réserve spéciale des plus-values à long terme *	EF		
	(4)	Dettes et produits constatés d'avance à moins d'un an	EG		
	(5)	Dont concours bancaires courants, et soldes créditeurs de banques et CCP	EH		

* Des explications concernant cette rubrique sont données dans la notice n° 2032.

N° 10167 ✱ 15

Formulaire obligatoire (article 53 A du Code général des impôts).

③ COMPTE DE RÉSULTAT DE L'EXERCICE (En liste)

DGFiP N° 2052 2011

Désignation de l'entreprise : ______ Néant ☐ *

		Exercice N						Exercice (N-1)
		France		Exportations et livraisons intracommunautaires		Total		
PRODUITS D'EXPLOITATION	Ventes de marchandises *	FA		FB		FC		
	Production vendue — biens *	FD		FE		FF		
	Production vendue — services *	FG		FH		FI		
	Chiffres d'affaires nets *	FJ		FK		FL		
	Production stockée *					FM		
	Production immobilisée *					FN		
	Subventions d'exploitation					FO		
	Reprises sur amortissements et provisions, transferts de charges * (9)					FP		
	Autres produits (1) (11)					FQ		
	Total des produits d'exploitation (2) (I)					FR		
S D'EXPLOITATION	Achats de marchandises (y compris droits de douane)*					FS		
	Variation de stock (marchandises)*					FT		
	Achats de matières premières et autres approvisionnements (y compris droits de douane)*					FU		
	Variation de stock (matières premières et approvisionnements)*					FV		
	Autres achats et charges externes (3) (6 bis)*					FW		
	Impôts, taxes et versements assimilés *					FX		
	Salaires et traitements *					FY		
	Charges sociales (10)					FZ		

CHARGES	DOTATIONS D'EXPLOITATION	Sur immobilisations { - dotations aux amortissements *	GA		
		- dotations aux provisions	GB		
		Sur actif circulant : dotations aux provisions *	GC		
		Pour risques et charges : dotations aux provisions	GD		
	Autres charges (12)		GE		
		Total des charges d'exploitation (4) (II)	GF		
1 - RÉSULTAT D'EXPLOITATION (I – II)			GG		
opérations en commun	Bénéfice attribué ou perte transférée * (III)		GH		
	Perte supportée ou bénéfice transféré * (IV)		GI		
PRODUITS FINANCIERS	Produits financiers de participations (5)		GJ		
	Produits des autres valeurs mobilières et créances de l'actif immobilisé (5)		GK		
	Autres intérêts et produits assimilés (5)		GL		
	Reprises sur provisions et transferts de charges		GM		
	Différences positives de change		GN		
	Produits nets sur cessions de valeurs mobilières de placement		GO		
	Total des produits financiers (V)		GP		
CHARGES FINANCIERES	Dotations financières aux amortissements et provisions *		GQ		
	Intérêts et charges assimilées (6)		GR		
	Différences négatives de change		GS		
	Charges nettes sur cessions de valeurs mobilières de placement		GT		
	Total des charges financières (VI)		GU		
2 - RÉSULTAT FINANCIER (V – VI)			GV		
3 - RÉSULTAT COURANT AVANT IMPÔTS (I – II + III – IV + V – VI)			GW		

(RENVOIS : voir tableau n° 2053) * Des explications concernant cette rubrique sont données dans la notice n° 2032.

N° 10947 * 13

Formulaire obligatoire (article 53 A du Code général des impôts)

(4) COMPTE DE RÉSULTAT DE L'EXERCICE (Suite)

DGFiP N° 2053 2011

Désignation de l'entreprise ______ Néant ☐ *

			Exercice N	Exercice N – 1
PRODUITS EXCEPTIONNELS	Produits exceptionnels sur opérations de gestion	HA		
	Produits exceptionnels sur opérations en capital *	HB		
	Reprises sur provisions et transferts de charges	HC		
	Total des produits exceptionnels (7) **(VII)**	HD		
CHARGES EXCEPTIONNELLES	Charges exceptionnelles sur opérations de gestion (6 *bis*)	HE		
	Charges exceptionnelles sur opérations en capital *	HF		
	Dotations exceptionnelles aux amortissements et provisions	HG		
	Total des charges exceptionnelles (7) **(VIII)**	HH		
4 — RÉSULTAT EXCEPTIONNEL (VII — VIII)		HI		
Participation des salariés aux résultats de l'entreprise **(IX)**		HJ		
Impôts sur les bénéfices * **(X)**		HK		
TOTAL DES PRODUITS (I + III + V + VII)		HL		
TOTAL DES CHARGES (II + IV + VI + VIII + IX + X)		HM		
5 — BÉNÉFICE OU PERTE (Total des produits — total des charges)		HN		
(1)	Dont produits nets partiels sur opérations à long terme	HO		
(2) Dont	produits de locations immobilières	HY		
	produits d'exploitation afférents à des exercices antérieurs (à détailler au (8) ci- dessous)	1G		

RENVOIS

(3) Dont	— Crédit-bail mobilier *	HP		
	— Crédit-bail immobilier	HQ		
(4)	Dont charges d'exploitation afférentes à des exercices antérieurs (à détailler au (8) ci- dessous)	1H		
(5)	Dont produits concernant les entreprises liées	1J		
(6)	Dont intérêts concernant les entreprises liées	1K		
(6*bis*)	Dont dons faits aux organismes d'intérêt général (art. 238 *bis* du C.G.I.)	HX		
(9)	Dont transferts de charges	A1		
(10)	Dont cotisations personnelles de l'exploitant (13)	A2		
(11)	Dont redevances pour concessions de brevets, de licences (produits)	A3		
(12)	Dont redevances pour concessions de brevets, de licences (charges)	A4		
(13)	Dont primes et cotisations complémentaires personnelles : facultatives A6 obligatoires A9			

		Exercice N	
(7)	Détail des produits et charges exceptionnels (Si le nombre de lignes est insuffisant, reproduire le cadre (7) et le joindre en annexe) :	Charges exceptionnelles	Produits exceptionnels
		Exercice N	
(8)	Détail des produits et charges sur exercices antérieurs :	Charges antérieures	Produits antérieures

* Des explications concernant cette rubrique sont données dans la notice n° 2032.

N° 10169 ✱ 15

Formulaire obligatoire (article 53 A du Code général des impôts)

⑤

IMMOBILISATIONS

DGFiP N° 2054 2011

Désignation de l'entreprise ______ Néant ☐ *

CADRE A	IMMOBILISATIONS		Valeur brute des immobilisations au début de l'exercice (1)		Augmentations : Consécutives à une réévaluation pratiquée au cours de l'exercice ou résultant d'une mise en équivalence (2)		Augmentations : Acquisitions, créations, apports et virements de poste à poste (3)
INCORP.	Frais d'établissement et de développement **TOTAL I**	CZ		D8		D9	
INCORP.	Autres postes d'immobilisations incorporelles **TOTAL II**	KD		KE		KF	
CORPORELLES	Terrains	KG		KH		KI	
CORPORELLES	Constructions – Sur sol propre [Dont Composants L9]	KJ		KK		KL	
CORPORELLES	Constructions – Sur sol d'autrui [Dont Composants M1]	KM		KN		KO	
CORPORELLES	Constructions – Installations générales, agencements* et aménagements des constructions [Dont Composants M2]	KP		KQ		KR	
CORPORELLES	Installations techniques, matériel et outillage industriels [Dont Composants M3]	KS		KT		KU	
CORPORELLES	Autres immobilisations corporelles – Installations générales, agencements, aménagements divers *	KV		KW		KX	
CORPORELLES	Autres immobilisations corporelles – Matériel de transport *	KY		KZ		LA	
CORPORELLES	Autres immobilisations corporelles – Matériel de bureau et mobilier informatique	LB		LC		LD	
CORPORELLES	Autres immobilisations corporelles – Emballages récupérables et divers *	LE		LF		LG	
CORPORELLES	Immobilisations corporelles en cours	LH		LI		LJ	
CORPORELLES	Avances et acomptes	LK		LL		LM	
CORPORELLES	**TOTAL III**	LN		LO		LP	
FINANCIÈRES	Participations évaluées par mise en équivalence	8G		8M		8T	
FINANCIÈRES	Autres participations	8U		8V		8W	
FINANCIÈRES	Autres titres immobilisés	1P		1R		1S	
FINANCIÈRES	Prêts et autres immobilisations financières	1T		1U		1V	
FINANCIÈRES	**TOTAL IV**	LQ		LR		LS	
	TOTAL GÉNÉRAL (I + II + III + IV)	ØG		ØH		ØJ	

CADRE B	IMMOBILISATIONS	Diminutions				Valeur brute des immobilisations à la fin de l'exercice		Réévaluation légale * ou évaluation par mise en équivalence	
		par virement de poste à poste		par cessions à des tiers ou mises hors service ou résultant d'une mise en équivalence				Valeur d'origine des immobilisations en fin d'exercice	
		1		2		3		4	
INCORP.	Frais d'établissement et de développement **TOTAL I**	IN		CØ		DØ		D7	
INCORP.	Autres postes d'immobilisations incorporelles **TOTAL II**	IO		LV		LW		1X	
CORPORELLES	Terrains	IP		LX		LY		LZ	
CORPORELLES	Constructions – Sur sol propre	IQ		MA		MB		MC	
CORPORELLES	Constructions – Sur sol d'autrui	IR		MD		ME		MF	
CORPORELLES	Constructions – Inst. gales, agencts et am. des constructions	IS		MG		MH		MI	
CORPORELLES	Installations techniques, matériel et outillage industriels	IT		MJ		MK		ML	
CORPORELLES	Autres immobilisations corporelles – Inst. gales, agencts, aménagements divers	IU		MM		MN		MO	
CORPORELLES	Autres immobilisations corporelles – Matériel de transport	IV		MP		MQ		MR	
CORPORELLES	Autres immobilisations corporelles – Matériel de bureau et informatique, mobilier	IW		MS		MT		MU	
CORPORELLES	Autres immobilisations corporelles – Emballages récupérables et divers*	IX		MV		MW		MX	
CORPORELLES	Immobilisations corporelles en cours	MY		MZ		NA		NB	
CORPORELLES	Avances et acomptes	NC		ND		NE		NF	
CORPORELLES	**TOTAL III**	IY		NG		NH		NI	
FINANCIÈRES	Participations évaluées par mise en équivalence	IZ		ØU		M7		ØW	
FINANCIÈRES	Autres participations	IØ		ØX		ØY		ØZ	
FINANCIÈRES	Autres titres immobilisés	I1		2B		2C		2D	
FINANCIÈRES	Prêts et autres immobilisations financières	I2		2E		2F		2G	
FINANCIÈRES	**TOTAL IV**	I3		NJ		NK		2H	
TOTAL GÉNÉRAL (I + II + III + IV)		I4		ØK		ØL		ØM	

* Des explications concernant cette rubrique sont données dans la notice n° 2032

N° 10172 ✱ 15

Formulaire obligatoire (article 53 A du Code général des impôts)

⑥

AMORTISSEMENTS

DGFiP N° 2055 2011

Désignation de l'entreprise ______ Néant ☐ *

CADRE A — SITUATIONS ET MOUVEMENTS DE L'EXERCICE DES AMORTISSEMENTS TECHNIQUES (OU VENANT EN DIMINUTION DE L'ACTIF) *

IMMOBILISATIONS AMORTISSABLES		Montant des amortissements au début de l'exercice		Augmentations : dotations de l'exercice		Diminutions : amortissements afférents aux éléments sortis de l'actif et reprises		Montant des amortissements à la fin de l'exercice	
Frais d'établissement et de développement	TOTAL I	CY		EL		EM		EN	
Autres immobilisations incorporelles	TOTAL II	PE		PF		PG		PH	
Terrains		PI		PJ		PK		PL	
Constructions	Sur sol propre	PM		PN		PO		PQ	
	Sur sol d'autrui	PR		PS		PT		PU	
	Inst. générales, agencements et aménagements des constructions	PV		PW		PX		PY	
Installations techniques, matériel et outillage industriels		PZ		QA		QB		QC	
Autres immobilisations corporelles	Inst. générales, agencements, aménagements divers	QD		QE		QF		QG	
	Matériel de transport	QH		QI		QJ		QK	
	Matériel de bureau et informatique, mobilier	QL		QM		QN		QO	
	Emballages récupérables et divers	QP		QR		QS		QT	
	TOTAL III	QU		QV		QW		QX	
TOTAL GÉNÉRAL (I + II + III)		ØN		ØP		ØQ		ØR	

CADRE B — VENTILATION DES MOUVEMENTS AFFECTANT LA PROVISION POUR AMORTISSEMENTS DÉROGATOIRES

Immobilisations amortissables	DOTATIONS			REPRISES			Mouvement net des amortissements à la fin de l'exercice
	Colonne 1 Différentiel de durée et autres	Colonne 2 Mode dégressif	Colonne 3 Amortissement fiscal exceptionnel	Colonne 4 Différentiel de durée et autres	Colonne 5 Mode dégressif	Colonne 6 Amortissement fiscal exceptionnel	
Frais établissements TOTAL I	M9	N1	N2	N3	N4	N5	N6
Autres immob. incorporelles TOTAL II	N7	N8	P6	P7	P8	P9	Q1
Terrains	Q2	Q3	Q4	Q5	Q6	Q7	Q8
Constructions – Sur sol propre	Q9	R1	R2	R3	R4	R5	R6
Constructions – Sur sol d'autrui	R7	R8	R9	S1	S2	S3	S4
Constructions – Inst. gales, agenc et am. des const.	S5	S6	S7	S8	S9	T1	T2
Inst. techniques mat. et outillage	T3	T4	T5	T6	T7	T8	T9
Autres immobilisations corporelles – Inst. gales, agenc am. divers	U1	U2	U3	U4	U5	U6	U7
Autres immobilisations corporelles – Matériel de transport	U8	U9	V1	V2	V3	V4	V5
Autres immobilisations corporelles – Mat. bureau et inform. mobilier	V6	V7	V8	V9	W1	W2	W3
Autres immobilisations corporelles – Emballages récup. et divers	W4	W5	W6	W7	W8	W9	X1
TOTAL III	X2	X3	X4	X5	X6	X7	X8
Frais d'acquisition de titres de participations TOTAL IV	NL			NM			NO
Total général (I + II + III + IV)	NP	NQ	NR	NS	NT	NU	NV
Total général non ventilé (NP + NQ + NR)	NW		Total général non ventilé (NS + NT + NU) NY			Total général non ventilé (NW – NY) NZ	

CADRE C				
MOUVEMENTS DE L'EXERCICE AFFECTANT LES CHARGES RÉPARTIES SUR PLUSIEURS EXERCICES*	Montant net au début de l'exercice	Augmentations	Dotations de l'exercice aux amortissements	Montant net à la fin de l'exercice
Frais d'émission d'emprunt à étaler			Z9	Z8
Primes de remboursement des obligations			SP	SR

* Des explications concernant cette rubrique sont données dans la notice n° 2032

N° 10949 ✱ 13

Formulaire obligatoire (article 53 A du Code général des impôts)

(7)

PROVISIONS INSCRITES AU BILAN

DGFiP N° 2056 2011

Désignation de l'entreprise ______ Néant ☐ *

	Nature des provisions		Montant au début de l'exercice 1		AUGMENTATIONS : Dotations de l'exercice 2		DIMINUTIONS : Reprises de l'exercice 3		Montant à la fin de l'exercice 4
Provisions réglementées	Provisions pour reconstitution des gisements miniers et pétroliers	3T		TA		TB		TC	
	Provisions pour investissement (art. 237 bis A-II)	3U		TD		TE		TF	
	Provisions pour hausse des prix (1) *	3V		TG		TH		TI	
	Amortissements dérogatoires	3X		TM		TN		TO	
	Dont majorations exceptionnelles de 30 %	D3		D4		D5		D6	
	Provisions fiscales pour implantations à l'étranger constituées avant le 1.1.1992 *	IA		IB		IC		ID	
	Provisions fiscales pour implantations à l'étranger constituées après le 1.1.1992 *	IE		IF		IG		IH	
	Provisions pour prêts d'installation (art. 39 quinquies H du CGI)	IJ		IK		IL		IM	
	Autres provisions réglementées (1)	3Y		TP		TQ		TR	
	TOTAL I	3Z		TS		TT		TU	
sques et charges	Provisions pour litiges	4A		4B		4C		4D	
	Provisions pour garanties données aux clients	4E		4F		4G		4H	
	Provisions pour pertes sur marchés à terme	4J		4K		4L		4M	
	Provisions pour amendes et pénalités	4N		4P		4R		4S	
	Provisions pour pertes de change	4T		4U		4V		4W	
	Provisions pour pensions et obligations similaires	4X		4Y		4Z		5A	
	Provisions pour impôts (1)	5B		5C		5D		5E	

Provisions pour ri[sques et charges]	Provisions pour renouvellement des immobilisations *	5F		5H		5J		5K	
	Provisions pour gros entretien et grandes révisions	EO		EP		EQ		ER	
	Provisions pour charges sociales et fiscales sur congés à payer *	5R		5S		5T		5U	
	Autres provisions pour risques et charges (1)	5V		5W		5X		5Y	
	TOTAL II	5Z		TV		TW		TX	
Provisions pour dépréciation	sur immobilisations - incorporelles	6A		6B		6C		6D	
	sur immobilisations - corporelles	6E		6F		6G		6H	
	sur immobilisations - titres mis en équivalence	Ø2		Ø3		Ø4		Ø5	
	sur immobilisations - titres de participation	9U		9V		9W		9X	
	sur immobilisations - autres immobilisations financières (1)*	Ø6		Ø7		Ø8		Ø9	
	Sur stocks et en cours	6N		6P		6R		6S	
	Sur comptes clients	6T		6U		6V		6W	
	Autres provisions pour dépréciation (1)*	6X		6Y		6Z		7A	
	TOTAL III	7B		TY		TZ		UA	
TOTAL GÉNÉRAL (I + II + III)		7C		UB		UC		UD	
Dont dotations et reprises	— d'exploitation			UE		UF			
	— financières			UG		UH			
	— exceptionnelles			UJ		UK			
Titres mis en équivalence : montant de la dépréciation à la clôture de l'exercice calculé selon les règles prévues à l'article 39-1-5e du C.G.I.								10	

(1) à détailler sur feuillet séparé selon l'année de constitution de la provision ou selon l'objet de la provision.

NOTA : Les charges à payer ne doivent pas être mentionnées sur ce tableau mais être ventilées sur l'état détaillé des charges à payer dont la production est prévue par l'article 38 II de l'annexe III au CGI.

N° 10950 ✱ 13

Formulaire obligatoire (article 53 A du Code général des impôts).

(8)

ÉTAT DES ÉCHÉANCES DES CRÉANCES ET DES DETTES A LA CLÔTURE DE L'EXERCICE *

DGFiP N° 2057 2011

Désignation de l'entreprise : ____ Néant ☐ *

CADRE A		ÉTAT DES CRÉANCES		Montant brut 1		A 1 an au plus 2		A plus d'un an 3
DE L'ACTIF IMMOBILISÉ		Créances rattachées à des participations	UL		UM		UN	
		Prêts (1) (2)	UP		UR		US	
		Autres immobilisations financières	UT		UV		UW	
DE L'ACTIF CIRCULANT		Clients douteux ou litigieux	VA					
		Autres créances clients	UX					
		Créance représentative de titres prêtés ou remis en garantie * (Provision pour dépréciation antérieurement constituée * UO)	Z1					
		Personnel et comptes rattachés	UY					
		Sécurité sociale et autres organismes sociaux	UZ					
	État et autres collectivités publiques	Impôts sur les bénéfices	VM					
		Taxe sur la valeur ajoutée	VB					
		Autres impôts, taxes et versements assimilés	VN					
		Divers	VP					
		Groupe et associés (2)	VC					
		Débiteurs divers (dont créances relatives à des opérations de pension de titres)	VR					
Charges constatées d'avance			VS					
		TOTAUX	VT		VU		VV	
RENVOIS	(1) Montant des	- Prêts accordés en cours d'exercice	VD					
		- Remboursements obtenus en cours d'exercice	VE					
	(2)	Prêts et avances consentis aux associés (personnes physiques)	VF					

CADRE B	ÉTAT DES DETTES		Montant brut 1	A 1 an au plus 2	A plus d'1 an et 5 ans au plus 3	A plus de 5 ans 4
Emprunts obligataires convertibles (1)		7Y				
Autres emprunts obligataires (1)		7Z				
Emprunts et dettes auprès des établissements de crédit (1)	à 1 an maximum à l'origine	VG				
	à plus d'1 an à l'origine	VH				
Emprunts et dettes financières divers (1) (2)		8A				
Fournisseurs et comptes rattachés		8B				
Personnel et comptes rattachés		8C				
Sécurité sociale et autres organismes sociaux		8D				
État et autres collectivités publiques	Impôts sur les bénéfices	8E				
	Taxe sur la valeur ajoutée	VW				
	Obligations cautionnées	VX				
	Autres impôts, taxes et assimilés	VQ				
Dettes sur immobilisations et comptes rattachés		8J				
Groupe et associés (2)		VI				
Autres dettes (dont dettes relatives à des opérations de pension de titres)		8K				
Dette représentative de titres empruntés ou remis en garantie *		Z2				
Produits constatés d'avance		8L				
	TOTAUX	VY		VZ		
RENVOIS (1)	Emprunts souscrits en cours d'exercice	VJ		(2) Montant des divers emprunts et dettes contractés auprès des associés personnes physiques	VL	
	Emprunts remboursés en cours d'exercice	VK		* Des explications concernant cette rubrique sont données dans la notice n° 2032		

N° 10951 ✱ 13

Formulaire obligatoire (article 53 A du Code général des impôts)

⑨ DÉTERMINATION DU RÉSULTAT FISCAL

DGFiP N° 2058-A 2011

Désignation de l'entreprise :		Néant *	Exercice N, clos le :
I. RÉINTÉGRATIONS	BÉNÉFICE COMPTABLE DE L'EXERCICE	WA	
Charges non admises en déduction du résultat fiscal	Rémunération du travail (entreprises à l'IR) — de l'exploitant ou des associés	WB	
	de son conjoint .... moins part déductible* .... à réintégrer :	WC	
	Avantages personnels non déductibles * (sauf amortissements à porter ligne ci-dessous)	WD	
	Amortissements excédentaires (art. 39-4 du C.G.I.) et autres amortissements non déductibles	WE	
	Autres charges et dépenses somptuaires visées à l'art. 39-4 du C.G.I.*	WF	
	Taxe sur les voitures particulières des sociétés (entreprises à l'IS)	WG	
	Provisions et charges à payer non déductibles (cf. tableau 2058-B, cadre III)*	WI	
	Amendes et pénalités (nature : ....)	WJ	
	Impôt sur les sociétés (cf. page 9 de la notice 2032)	I7	
Quote-part	Bénéfices réalisés par une société de personnes ou un GIE WL .... Résultats bénéficiaires visés à l'article 209 B du CGI L7	K7	
Régimes d'imposition particuliers et impositions différées	Moins-values nettes à long terme — imposées aux taux de 15 % ou de 19 % (16 % pour les entreprises soumises à l'impôt sur le revenu)	I8	
	Moins-values nettes à long terme — imposées aux taux de 0 %	ZN	
	Fraction imposable des plus-values réalisées au cours d'exercices antérieurs* — Plus-values nettes à court terme	WN	
	Fraction imposable des plus-values réalisées au cours d'exercices antérieurs* — Plus-values soumises au régime des fusions	WO	
Écarts de valeurs liquidatives sur OPCVM* (entreprises à l'IS)		XR	
Réintégrations diverses à détailler sur feuillet séparé DONT	Intérêts excédentaires (art. 39-1-3 e et 212 du C.G.I.) SU .... Zones d'entreprises* (activité exonérée) SW .... Déficits étrangers antérieurement déduit par les PME (art. 209C) SX .... Quote-part de 5 % des plus-values à taux zéro M8	WQ	
	TOTAL I	WR	
II. DÉDUCTIONS	PERTE COMPTABLE DE L'EXERCICE	WS	

Quote-part dans les pertes subies par une société de personnes ou un G.I.E.*		WT	
Provisions et charges à payer non déductibles, antérieurement taxées, et réintégrées dans les résultats comptables de l'exercic e (cf. tableau 2058-B, cadre III)		WU	
Régimes d'imposition particuliers et impositions différées	Plus-values nettes à long terme — imposées au taux de 15 % (16 % pour les entreprises soumises à l'impôt sur le revenu)	WV	
	Plus-values nettes à long terme — imposées au taux de 0 %	WH	
	Plus-values nettes à long terme — imposées au taux de 19 %	WP	
	Plus-values nettes à long terme — imputées sur les moins-values nettes à long terme antérieures	WW	
	Plus-values nettes à long terme — imputées sur les déficits antérieurs	XB	
	Autres plus-values imposées au taux de 19 %	I6	
	Fraction des plus-values nettes à court terme de l'exercice dont l'imposition est différée*	WZ	
	Régime des sociétés mères et des filiales * Produit net des actions et parts d'intérêts : (Quote-part de frais et charges restant imposable à déduire des produits nets de participation 2A)	XA	
Mesures d'incitation	Déduction autorisée au titre des investissements réalisés dans les collectivités d'Outre-mer*.	ZY	
	Majoration d'amortissement*	XD	
	Abattement sur le bénéfice et exonérations* : Entreprises nouvelles - (Reprise d'entreprises en difficultés 44 septies) K9 ; Entreprises nouvelles 44 sexies L2 ; Jeunes entreprises innovantes (art. 44 sexies A) L5 ; Pôle de compétitivité (art. 44 undecies) L6 ; Société investissements immobilier cotées (art. 208C) K3 ; Zone franche Corse (art. 44 decies) ØT ; Zone franche urbaine (art. 44 octies et octies A) ØV ; Bassin d'emploi à redynamiser (art. 44 duodecies) 1F ; Zone franche d'activité (art. 44 quaterdecies) XC	XF	
Écarts de valeurs liquidatives sur OPCVM* (entreprises à l'IS)		XS	
Déductions diverses à détailler sur feuillet séparé	Déficits filiales et succursales étrangères article 209C OT ; Créance dégagée par le report en arrière de déficit ZI)	XG	
III. RÉSULTAT FISCAL	TOTAL II	XH	
Résultat fiscal avant imputation des déficits reportables :	bénéfice (I moins II)	XI	
	déficit (II moins I)		XJ
Déficit de l'exercice reporté en arrière (entreprises à l'IS)		ZL	
Déficits antérieurs imputés sur les résultats de l'exercice (entreprises à l'IS)			XL
RÉSULTAT FISCAL	BÉNÉFICE (ligne XN) ou DÉFICIT reportable en avant (ligne XO)	XN	XO

* Des explications concernant cette rubrique sont données dans la notice n° 2032.

N° 10952 * 13

Formulaire obligatoire (article 53 A du Code général des impôts)

DGFiP N° 2058-B 2011

@internet-DGFiP

(10) DÉFICITS, INDEMNITÉS POUR CONGÉS À PAYER ET PROVISIONS NON DÉDUCTIBLES

Désignation de l'entreprise ______ Néant ☐ *

I. SUIVI DES DÉFICITS

Déficits restant à reporter au titre de l'exercice précédent (1)	K4	
Déficits imputés (total lignes XB et XL du tableau 2058-A)	K5	
Déficits reportables (différence K4-K5)	K6	
Déficit de l'exercice (tableau 2058A, ligne XO)	YJ	
Total des déficits restant à reporter (somme K6+YJ)	YK	

II. INDEMNITÉS POUR CONGÉS À PAYER, CHARGES SOCIALES ET FISCALES CORRESPONDANTES

Montant déductible correspondant aux droits acquis par les salariés pour les entreprises placées sous le régime de l'article 39-1. 1e *bis* Al. 1er du CGI, dotations de l'exercice	ZT	

III. PROVISIONS ET CHARGES À PAYER, NON DÉDUCTIBLES POUR L'ASSIETTE DE L'IMPÔT

(à détailler sur feuillet séparé)		Dotations de l'exercice		Reprises sur l'exercice
Indemnités pour congés à payer, charges sociales et fiscales correspondantes non déductibles pour les entreprises placées sous le régime de l'article 39-1. 1e *bis* Al. 2 du CGI *	ZV		ZW	
Provisions pour risques et charges *				
	8X		8Y	
	8Z		9A	
	9B		9C	

Provisions pour dépréciation *				
	9D		9E	
	9F		9G	
	9H		9J	
Charges à payer				
	9K		9L	
	9M		9N	
	9P		9R	
	9S		9T	
TOTAUX (YN = ZV à 9S) et (YO = ZW à 9T) à reporter au tableau 2058-A :	YN	↓ ligne WI	YO	↓ ligne WU

* Des explications concernant cette rubrique sont données dans la notice n° 2032.
(1) Cette case correspond au montant porté sur la ligne YK du tableau 2058 B déposé au titre de l'exercice précédent.

CONSÉQUENCES DE LA MÉTHODE PAR COMPOSANTS (art.237 *septies* du CGI)

Montant de la réintégration ou de la déduction		Montant au début de l'exercice	Imputations	Montant net à la fin de l'exercice
	L1			

CRÉDITS D'IMPÔTS

Crédit d'impôt en faveur de la recherche	JQ		Crédit d'impôt en faveur de la formation des dirigeants	JR		Crédit d'impôt famille	JS	
Réduction d'impôt en faveur du mécénat	JT		Crédit d'impôt investissement en Corse	JU		Crédit d'impôt en faveur de l'apprentissage	JV	
Crédit d'impôt afférent aux valeurs mobilières (BIC)	JW		Autres imputations	JX				

N° 10953 ✱ 13

Formulaire obligatoire (article 53 A du Code général des impôts)

(11)

TABLEAU D'AFFECTATION DU RÉSULTAT ET RENSEIGNEMENTS DIVERS

DGFiP N° 2058-C 2011

@internet-DGFiP

Désignation de l'entreprise ______ Néant ☐ *

TABLEAU D'AFFECTATION DU RÉSULTAT DE L'EXERCICE PRÉCÉDENT	(Entreprises soumises à l'impôt sur les sociétés) (1)			
ORIGINES	Report à nouveau figurant au bilan de l'exercice antérieur à celui pour lequel la déclaration est établie		ØC	
	Résultat de l'exercice précédant celui pour lequel la déclaration est établie		ØD	
	Prélèvements sur les réserves (à détailler)			
	Sous-total (à reporter dans la colonne de droite)		ØE	
	TOTAL I		ØF	
AFFECTATIONS	Affectations aux réserves - Réserve légale		ZB	
	Affectations aux réserves - Autres réserves		ZD	
	Dividendes		ZE	
	Autres répartitions		ZF	
	Report à nouveau		ZG	
	(N.B. Le total I doit nécessairement être égal au total II) TOTAL II		ZH	

(1) Ce cadre est destiné à faire apparaître l'origine et le montant des sommes distribuées ou mises en réserve au cours de l'exercice dont les résultats font l'objet de la déclaration. Il ne concerne donc pas, en principe, les résultats de cet exercice mais ceux des exercices antérieurs, qu'ils aient ou non déjà fait l'objet d'une précédente affectation.

RENSEIGNEMENTS DIVERS			Exercice N :	Exercice N − 1 :
ENGAGEMENTS	— Engagements de crédit-bail mobilier (précisez le prix de revient des biens pris en crédit-bail J7)	YQ		
	— Engagements de crédit-bail immobilier	YR		
	— Effets portés à l'escompte et non échus	YS		

DÉTAILS DES POSTES	AUTRES ACHATS ET CHARGES EXTERNES	— Sous-traitance	YT		
		— Locations, charges locatives et de copropriété (dont montant des loyers des biens pris en location pour une durée > 6 mois J8)	XQ		
		— Personnel extérieur à l'entreprise	YU		
		— Rémunérations d'intermédiaires et honoraires (hors rétrocessions)	SS		
		— Rétrocessions d'honoraires, commissions et courtages	YV		
		— Autres comptes (dont cotisations versées aux organisations syndicales et professionnelles ES)	ST		
		Total du poste correspondant à la ligne FW du tableau n° 2052	ZJ		
	IMPÔTS ET TAXES	— Taxe professionnelle*	YW		
		— Autres impôts, taxes et versements assimilés (dont taxe intérieure sur les produits pétroliers ZS)	9Z		
		Total du compte correspondant à la ligne FX du tableau n° 2052	YX		
T.V.A.		— Montant de la T.V.A. collectée	YY		
		— Montant de la T.V.A. déductible comptabilisée au cours de l'exercice au titre des biens et services ne constituant pas des immobilisations	YZ		
DIVERS		— Montant brut des salaires (cf. dernière déclaration annuelle souscrite au titre des salaires DADS 1 ou modèle 2460 de 2009) *	ØB		
		— Montant de la plus-value constatée en franchise d'impôt lors de la première option pour le régime simplifié d'imposition *	ØS		

RÉGIME DE GROUPE *								
	Société : résultat comme si elle n'avait jamais été membre du groupe.	JA		Plus-values à 15 %	JK		Plus-values à 0 %	JL
				Plus-values à 19 %	JM		Imputations	JC
	Groupe : résultat d'ensemble.	JD		Plus-values à 15 %	JN		Plus-values à 0 %	JO
				Plus-values à 19 %	JP		Imputations	JF
	Selon le cas, indiquer 1 si bénéfice consolidé, 2 si bénéfice intégré, 3 si régime de groupe.	JG		Indiquer 1 pour société mère, 2 pour filiale	JH		N° SIRET de la société mère	JJ

— numéro de centre de gestion agréé *	XP			
— Effectif moyen du personnel * (dont : apprentis : handicapés :)	YP			
— Taux d'intérêt le plus élevé servi aux associés à raison des sommes mises à la disposition de la société *	ZK	%		%
— Filiales et participations : La liste prévue par l'art. 38 II de l'ann. III au C.G.I. (tableau 2059-G) doit être jointe obligatoirement à la présente déclaration. Si absence de filiales et participations, cocher 0. Si présence de filiales et participations, cocher 1	ZR		☐	

* Des explications concernant cette rubrique sont données dans la notice n° 2032 (et dans la notice n° 2058-NOT pour le régime de groupe).

N° 10179 ✱ 15 (12)

Formulaire obligatoire (article 53 A du code général des impôts).

DÉTERMINATION DES PLUS ET MOINS-VALUES

DGFiP N° 2059-A 2011

@internet-DGFiP

Désignation de l'entreprise : Néant ☐ *

A - DÉTERMINATION DE LA VALEUR RÉSIDUELLE

		Nature et date d'acquisition des éléments cédés* ①	Valeur d'origine* ②	Valeur nette réévaluée* ③	Amortissements pratiqués en franchise d'impôt ④	Autres amortissements* ⑤	Valeur résiduelle ⑥
I - Immobilisations*	1						
	2						
	3						
	4						
	5						
	6						
	7						
	8						
	9						
	10						
	11						
	12						

B - PLUS-VALUES, MOINS-VALUES

	Prix de vente ⑦	Montant global de la plus-value ou de la moins-value ⑧	Qualification fiscale des plus et moins-values réalisées * Court terme ⑨	Long terme ⑩ 19 %	Long terme ⑩ 15 % ou 16 %	Long terme ⑩ 0 %	Plus-value taxables à 19 % (1) ⑪
1							
2							

I - Immobilisations*	3							
	4							
	5							
	6							
	7							
	8							
	9							
	10							
	11							
	12							
II - Autres éléments	13	Fraction résiduelle de la provision spéciale de réévaluation afférente aux éléments cédés		+				
	14	Amortissements irrégulièrement différés se rapportant aux éléments cédés		+				
	15	Amortissements afférents aux éléments cédés mais exclus des charges déductibles par une disposition légale		+				
	16	Amortissements non pratiqués en comptabilité et correspondant à la déduction fiscale pour investissement, définie par les lois de 1966, 1968 et 1975, effectivement utilisée		+				
	17	Résultats nets de concession de licences d'exploitation de br evets faisant partie de l'actif immobilisé et n'ayant pas été acquis à titre onéreux depuis moins de deux ans						
	18	Provisions pour dépréciation des titres relevant du régime des plus ou moins-values à long terme devenues sans objet au cours de l'exercice						
	19	Dotations de l'exercice aux comptes de provisions pour dépréciation des titres relevant du régime des plus ou moins-values à long terme						
	20	Divers (détail à donner sur une note annexe)*						
	CADRE A : plus ou moins-value nette à court terme (total algébrique des lignes 1 à 20 de la colonne) ⑨							
	CADRE B : plus ou moins-value nette à long terme (total algébrique des lignes 1 à 20 de la colonne) ⑩			(A)	(B) (Ventilation par taux)			(C)
	CADRE C : autres plus-values taxable à 19 % ⑪							

* Des explications concernant cette rubrique sont données dans la notice n° 2032.
(1) Ces plus-values sont imposables au taux de 19 % en application des articles 238 bis JA, 208 C et 210 E du CGI.

N° 10954 * 13

Formulaire obligatoire (article 53 A du Code général des impôts)

(13)

AFFECTATION DES PLUS-VALUES À COURT TERME ET DES PLUS-VALUES DE FUSION OU D'APPORT

DGFiP N° 2059-B 2011

@internet-DGFiP

Désignation de l'entreprise : ____________________ Néant ☐*

A ÉLÉMENTS ASSUJETTIS AU RÉGIME FISCAL DES PLUS-VALUES À COURT TERME

(à l'exclusion des plus-values de fusion dont l'imposition est prise en charge par les sociétés absorbantes) (cf. cadre B)

Origine			Montant net des plus-values réalisées*	Montant antérieurement réintégré	Montant compris dans le résultat de l'exercice	Montant restant à réintégrer
Plus-values réalisées au cours de l'exercice	Imposition répartie					
	sur 3 ans (entreprises à l'IR)					
	sur 10 ans					
	sur une durée différente (art. 39 *quaterdecies* 1 *ter* et 1 *quater* CGI)					
	TOTAL 1					
Plus-values réalisées au cours des exercices antérieurs	Imposition répartie		Montant net des plus-values réalisées à l'origine	Montant antérieurement réintégré	Montant rapporté au résultat de l'exercice	Montant restant à réintégrer
	sur 3 ans au titre de	N-1				
		N-2				
	Sur 10 ans ou sur une durée différente (art. 39 *quaterdecies* 1 *ter* et 1 *quater* du CGI) (à préciser) au titre de :	N-1				
		N-2				
		N-3				
		N-4				
		N-5				
		N-6				
		N-7				

N-8				
N-9				
TOTAL 2				

B PLUS-VALUES RÉINTÉGRÉES DANS LES RÉSULTATS DES SOCIÉTÉS BÉNÉFICIAIRES DES APPORTS

Cette rubrique ne comprend pas les plus-values afférentes aux biens non amortissables ou taxées lors des opérations de fusion ou d'apport.

☐ Plus-values de fusion, d'apport partiel ou de scission (personnes morales soumises à l'impôt sur les sociétés seulement)

☐ Plus-values d'apport à une société d'une activité professionnelle exercée à titre individuel (toutes sociétés)

Origine des plus-values et date des fusions ou des apports	Montant net des plus-values réalisées à l'origine	Montant antérieurement réintégré	Montant rapporté au résultat de l'exercice	Montant restant à réintégrer
TOTAL				

* Des explications concernant cette rubrique sont données dans la notice n° 2032

N° 10955 ✱ 13 (14) **SUIVI DES MOINS-VALUES A LONG TERME** DGFiP N° 2059-C 2011

Formulaire obligatoire (article 53 A du Code général des impôts).

@internet-DGFiP

Désignation de l'entreprise : ______________________ Néant ☐ *

❶ Entreprises soumises à l'impôt sur les sociétés
❷ Entreprises soumises à l'impôt sur le revenu

Rappel de la plus ou moins-value de l'exercice relevant du taux de 15 % ❶ ou 16 % ❷.	
Gains nets retirés de la cession de titre de sociétés à prépondérance immobilières non cotées exclus du régime du long terme (art. 219 I a sexies0 bis du CGI) ❶*.	
Gains nets retirés de la cession de certains titres dont le prix de revient est supérieur à 22,8 M€ (art. 219 I a sexies0 du CGI) ❶*.	

I - SUIVI DES MOINS-VALUES DES ENTREPRISES SOUMISES À L'IMPÔT SUR LE REVENU

Origine ①		Moins-values à 16 % ②	Imputations sur les plus-values à long terme de l'exercice imposables à 16 % ③	Solde des moins-values à 16 % ④
Moins-values nettes	N			
Moins-values nettes à long terme subies au cours des dix exercices antérieurs (montants restant à déduire à la clôture du dernier exercice)	N – 1			
	N – 2			
	N – 3			
	N – 4			
	N – 5			
	N – 6			
	N – 7			
	N – 8			

N – 9			
N – 10			

II - SUIVI DES MOINS-VALUES À LONG TERME DES ENTREPRISES SOUMISES À L'IMPÔT SUR LES SOCIÉTÉS*

Origine ①		Moins-values			Imputations sur les plus-values à long terme	Imputations sur le résultat de l'exercice	Solde des moins-values à reporter col. ⑦ = ②+③+④–⑤–⑥
		À 19 %, 16,5% (1) ou à 15 % ②	À 19 % ou 15 % imputables sur le résultat de l'exercice (article 219 I a *sexies*-0 du CGI) ③	À 19 % ou 15 % imputables sur le résultat de l'exercice (article 219 I a *sexies*-0 *bis* du CGI) ④	À 15 % Ou À 16,5 % (1) ⑤	⑥	⑦
Moins-values nettes	N						
Moins-values nettes à long terme subies au cours des dix exercices antérieurs (montants restant à déduire à la clôture du dernier exercice)	N – 1						
	N – 2						
	N – 3						
	N – 4						
	N – 5						
	N – 6						
	N – 7						
	N – 8						

* Des explications concernant cette rubrique sont données dans la notice n° 2032

Index

Numéro des fiches

Cet ouvrage a été achevé d'imprimer en mars 2012
dans les ateliers de Normandie Roto Impression s.a.s.
61250 Lonrai (Orne)
N° d'impression : 120679
Dépôt légal : mars 2012

Imprimé en France